66 매일 성장하는 **초등 자기개발서** 99

ⓦ 완자

공부력

ⓠ 왜 공부력을 키워야 할까요?

쓰기력

정확한 의사소통의 기본기이며 논리의 바탕

연필을 잡고 종이에 쓰는 것을 괴로워한다!
맞춤법을 몰라 정확한 쓰기를 못한다!
말은 잘하지만 조리 있게 쓰는 것이 어렵다!
그래서 글쓰기의 기본 규칙을 정확히 알고
써야 공부 능력이 향상됩니다.

어휘력

교과 내용 이해와 독해력의 기본 바탕

어휘를 몰라서 수학 문제를 못 푼다!
어휘를 몰라서 사회, 과학 내용 이해가 안 된다!
어휘를 몰라서 수업 내용을 따라가기 어렵다!
그래서 교과 내용 이해의 기본 바탕을
다지기 위해 어휘 학습을 해야 합니다.

독해력

모든 교과 실력 향상의 기본 바탕

글을 읽었지만 무슨 내용인지 모른다!
글을 읽고 이해하는 데 시간이 오래 걸린다!
읽어서 이해하는 공부 방식을 거부하려고 한다!
그래서 통합적 사고력의 바탕인 독해 공부로
교과 실력 향상의 기본기를 닦아야 합니다.

계산력

초등 수학의 핵심이자 기본 바탕

계산 과정의 실수가 잦다!
계산을 하긴 하는데 시간이 오래 걸린다!
계산은 하는데 계산 개념을 정확히 모른다!
그래서 계산 개념을 익히고 속도와 정확성을
높이기 위한 훈련을 통해 계산력을 키워야 합니다.

세상이 변해도
배움의 즐거움은
변함없도록

시대는 빠르게 변해도
배움의 즐거움은
변함없어야 하기에

어제의 비상은
남다른 교재부터
결이 다른 콘텐츠
전에 없던 교육 플랫폼까지

변함없는 혁신으로
교육 문화 환경의 새로운 전형을
실현해왔습니다.

비상은 오늘, 다시 한번
새로운 교육 문화 환경을 실현하기 위한
또 하나의 혁신을 시작합니다.

오늘의 내가 어제의 나를 초월하고
오늘의 교육이 어제의 교육을 초월하여
배움의 즐거움을 지속하는 혁신,

바로, 메타인지 기반 완전 학습을.

상상을 실현하는 교육 문화 기업 비상

메타인지 기반 완전 학습
초월을 뜻하는 meta와 생각을 뜻하는 인지가 결합한 메타인지는
자신이 알고 모르는 것을 스스로 구분하고 학습계획을 세우도록 하는
궁극의 학습 능력입니다. 비상의 메타인지 기반 완전 학습 시스템은
잠들어 있는 메타인지를 깨워 공부를 100% 내 것으로 만들도록 합니다.

속담·한자 성어·관용어 카드

이 책에 나오는 **속담**, **한자 성어**, **관용어** 카드입니다.
배운 내용을 떠올리며 카드 놀이를 해 보세요.

속담

세 살 적 버릇이
여든까지 간다

속담

말 한마디에
천 냥 빚도 갚는다

속담

아니 땐 굴뚝에
연기 날까

속담

우물을 파도
한 우물을 파라

속담

급하면 바늘허리에
실 매어 쓸까

한자 성어

유 유 상 종

類	類	相	從
비슷하다	비슷하다	서로	쫓다

속담

도둑이 제 발 저리다

한자 성어

고 장 난 명

孤	掌	難	鳴
혼자	손바닥	어렵다	울리다

카드 활용 방법

❶ 카드 앞면에는 속담, 한자 성어, 관용어가, 카드 뒷면에는 뜻이 적혀 있어요.
❷ 카드를 점선을 따라 자른 후, 카드링으로 묶어요.
❸ 친구와 함께 문제를 내고 답하며 즐겁게 놀아요.

한자 성어

다 다 익 선

多	多	益	善
많다	많다	더하다	좋다

관용어

마음에 두다

한자 성어

명 약 관 화

明	若	觀	火
밝다	같다	보다	불

관용어

발 빠르다

한자 성어

일 취 월 장

日	就	月	將
해	이루다	달	장차

관용어

발 디딜 틈이 없다

관용어

손발이 맞다

관용어

빛을 발하다

완자 공부력

공부력

초등 전과목
어휘 3A

초등 전과목 어휘
3-4학년군 구성

- 3A, 3B, 4A, 4B -

국어 교과서

✓ 문학
남다르다 | 일생 | 후세 | 실재
4개 어휘 수록

✓ 문법
밤사이 | 독창적 | 유추 | 유입 | 대체 등
16개 어휘 수록

✓ 읽기
요약 | 전달 | 설득 | 판단 | 중시 등
20개 어휘 수록

✓ 말하기, 쓰기
구분 | 근거 | 주장 | 전개 | 견문 등
20개 어휘 수록

사회 교과서

✓ 사회·문화, 생활
특색 | 계승 | 공유 | 차별 | 유출 등
52개 어휘 수록

✓ 법, 경제, 정치
교환 | 경쟁 | 다수결 | 지급 | 자율 등
24개 어휘 수록

✓ 지역, 지리
사계절 | 편의 | 수확 | 밀집 | 재난 등
20개 어휘 수록

✓ 역사
변방 | 숭배 | 집대성 | 순국 | 대항 등
20개 어휘 수록

3~4학년 교과서에 나오는 필수 어휘를
과목별 주제에 따라 배우며 실력을 키워요!

수학 교과서

✔ 연산, 수
기간 | 원인 | 밀접 | 오차 | 배분 등
24개 어휘 수록

✔ 도형
구조 | 막대하다 | 무작위 | 자재 | 견고하다 등
12개 어휘 수록

✔ 그래프, 규칙
제외 | 배열 | 중복 | 섭렵 | 나선 등
12개 어휘 수록

과학 교과서

✔ 생물, 몸
번식 | 척박하다 | 서식지 | 예방 | 면역력 등
36개 어휘 수록

✔ 대기, 지구, 우주
지름 | 증발 | 수평 | 남용 | 분출 등
36개 어휘 수록

✔ 물질, 빛, 열
보관 | 탄력 | 접촉 | 원료 | 직진 등
16개 어휘 수록

✔ 기술, 전기
추리 | 타당하다 | 감전 | 낭비 | 점검 등
8개 어휘 수록

특징과 활용법

✳ 그림과 한자로
교과서 필수 어휘를
배우고 문제를 풀며
확장하여 익혀요.

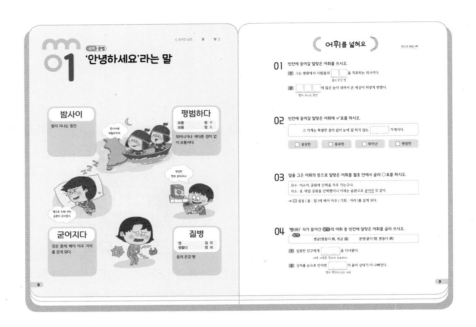

✳ 필수 어휘와 연관된
관용 표현과
문법을 배우고,
교과서 관련 글을
읽으며 어휘력을
키워요.

✅ 책으로 하루 4쪽씩 공부하며, 초등 어휘력을 키워요!

✅ 모바일앱으로 공부한 내용을 복습하고 몬스터를 잡아요!

공부한 내용 **확인하기**

모바일앱으로 **복습하기**

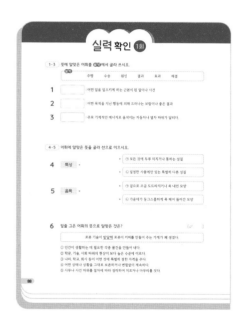

앱 다운받기   책 인증하기

✳ 20일 동안 배운 어휘를 문제로
풀어 보며 자기의 실력을 확인해요.

✳ 그날 배운 내용을 바로바로,
또는 주말에 모아서 복습하고,
다이아몬드 획득까지!
공부가 저절로 즐거워져요!

차례

우리도 하루 4쪽 공부 습관!
스스로 공부하는 힘을
키워 볼까요?

큰 습관이
지금은 그 친구를 이끌고 있어요.
매일매일의 좋은 습관은 우리를 좋은
곳으로 이끌어 줄 거예요.

한 친구가
작은 습관을 만들었어요.

매일매일의 시간이 흘러
작은 습관은 큰 습관이 되었어요.

국어 문법

'안녕하세요'라는 말

밤사이

밤이 지나는 동안

밤사이에 쳐들어가자.

평범하다

보통	평	平
보통	범	凡

뛰어나거나 색다른 점이 없이 보통이다.

평범한 맛의 과자구나.

옆으로 누워 자는 습관이 굳어졌어.

굳어지다

점점 몸에 배어 아주 자리를 잡게 되다.

질병

병	질	疾
병들다	병	病

몸의 온갖 병

01 빈칸에 들어갈 알맞은 어휘를 쓰시오.

1 그는 병원에서 사람들의 ☐☐ 을 치료하는 의사이다.

　　　몸의 온갖 병

2 ☐☐☐ 에 많은 눈이 내려서 온 세상이 하얗게 변했다.

밤이 지나는 동안

02 빈칸에 들어갈 알맞은 어휘에 ✔표를 하시오.

그 가게는 특별한 점이 없어 눈에 잘 띄지 않는 ☐ 가게이다.

☐ 굉장한　　　☐ 풍부한　　　☐ 뛰어난　　　☐ 평범한

03 밑줄 그은 어휘의 뜻으로 알맞은 어휘를 괄호 안에서 골라 ○표를 하시오.

은수: 미소야, 공원에 산책을 자주 가는구나.
미소: 응. 매일 공원을 산책했더니 이제는 습관으로 굳어진 것 같아.

→ 뜻 점점 (몸 | 말)에 배어 아주 (기회 | 자리)를 잡게 되다.

04 '병(病)' 자가 들어간 보기의 어휘 중 빈칸에 알맞은 어휘를 골라 쓰시오.

보기
　　　병균(병들다 病, 세균 菌)　　　문병(묻다 問, 병들다 病)

1 입원한 친구에게 ☐ 을 다녀왔다.

아픈 사람을 찾아가 위로하다.

2 상처를 손으로 만지면 ☐ 이 묻어 상태가 더 나빠진다.

병의 원인이 되는 세균

어법+표현 다져요

05 보기를 보고, 괄호 안에서 알맞은 어휘를 골라 ○표를 하시오.

> **보기**
>
> **배다**　스며들거나 스며 나오다.
> 　　　　예 종이에 기름이 배다.
>
> **베다**　날이 있는 도구 따위로 무엇을 끊거나 자르거나 가르다.
> 　　　　예 칼로 종이를 베다.

1 음식 냄새가 옷에 (배다 | 베다).

2 책장을 넘기다가 종이에 손을 (배었다 | 베었다).

3 아빠가 낫으로 풀을 (배고 | 베고) 그 자리에 꽃을 심었다.

06 보기의 '밤사이'와 같은 형태로 이루어진 어휘가 아닌 것은? [✎　　]

> **보기**
>
> | 밤 | + | 사이 | = | 밤사이 |
>
> '밤사이'는 '밤'이라는 어휘와 '사이'라는 어휘가 합쳐져 새로운 어휘가 된 것이다.

① 눈물　　　　　　② 손발　　　　　　③ 강산
④ 돌다리　　　　　⑤ 고구마

07 다음 속담을 사용할 수 있는 상황으로 알맞은 것은? [✎　　]

> **세 살 적 버릇이 여든까지 간다**
>
> '여든'은 '80'을 뜻한다. 이 속담은 세 살에 생긴 버릇이 팔십 살까지 간다는 뜻으로, 어릴 때 몸에 배어 굳어진 버릇은 늙어 죽을 때까지 고치기 힘들다는 뜻을 담고 있다.

① 어떤 일을 하는데 계속 돈이 들어간다.
② 내가 한 말이 이곳저곳으로 멀리 퍼졌다.
③ 원하던 물건이 없어서 다른 물건을 샀다.
④ 어릴 때부터 손톱을 물어뜯는 행동을 고치지 못했다.
⑤ 책을 빌리려고 도서관에 갔는데 도서관이 문을 닫았다.

08~10 다음 글을 읽고, 물음에 답하시오. (국어 문법)

우리나라는 예전부터 다른 나라의 침입을 많이 받았다. 북쪽에서 오랑캐가, 남쪽에서 왜적이 침입하여 전쟁이 일어나면 어제까지 함께 지냈던 사람이 갑자기 죽거나 다치는 일이 자주 일어났다. 또한 예전에는 의료 시설이 발달하지 않았다. 그렇기 때문에 질병에 걸리면 치료도 하지 못하고 죽는 일도 흔하게 일어났다.

전쟁이나 질병 때문에 갑자기 죽거나 다치는 사람들이 생기자 사람들은 서로에게 큰일이 생기지 않았는지 걱정했다. 그래서 사람들은 이웃을 만나면 '아무 탈 없이 편안하다.'는 뜻의 말인 '안녕하다'를 활용하여 '밤사이에 안녕하셨어요?'라고 묻게 되었다. 이 말이 굳어져서 '안녕하세요'라는 인사말이 되고, 전쟁이 일어나거나 질병이 도는 상황이 아닌 평범한 상황에서도 쓰이게 되었다.

08 이 글의 핵심 내용을 파악하여 빈칸에 들어갈 알맞은 말을 쓰시오.

{ ' ☐ ☐ ☐ ☐ '라는 인사말의 역사 }

09 '안녕하세요'라는 인사말이 생긴 이유로 알맞은 것은? [✎]

① 왕이 정한 인사말이어서
② 평범한 사람들 사이에 유행하던 말이어서
③ 남쪽의 왜적들이 사용하던 말이 널리 퍼져서
④ 어린아이들도 쉽게 사용할 수 있는 말이어서
⑤ 전쟁이나 질병으로 사람들이 갑자기 죽는 일이 생겨서

10 이 글의 내용으로 보아, 빈칸에 들어갈 말로 알맞은 것은? [✎]

☐ 이 말에 영향을 주어 '안녕하세요.'라는 인사말이 만들어졌다.

① 교통 시설　　　② 국어 능력　　　③ 도전 정신
④ 생활 환경　　　⑤ 예절 교육

02

과학 생물

첫눈에 알아봤어

곁

어떤 대상의 옆 또는 가까운 데

쫓아다니다

남의 뒤를 졸졸 따라다니다.

연구

밝히다	연	研
조사하다	구	究

어떤 일이나 대상을 깊이 조사하고 생각하여 어떤 이치나 사실을 밝혀 내다.

나는 인공으로 비를 내리게 하는 방법을 연구하고 있어.

인공

사람	인	人
만들다	공	工

사람의 힘으로 자연에 있는 물체와 똑같은 것 또는 전혀 새로운 것을 만들어 내는 일

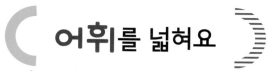

01 빈칸에 공통으로 들어갈 알맞은 어휘를 쓰시오.

> • 간호사는 환자의 [ ]에서 환자를 돌본다.
>
> • 아기가 엄마 [ ]에서 떨어지지 않으려고 한다.

02 다음 어휘의 뜻으로 알맞은 말을 괄호 안에서 골라 ○표를 하시오.

> 인공
>
> 뜻 (자연 | 사람)의 힘으로 (자연에 있는 | 사람이 만든) 물체와 똑같은 것 또는 전혀 새로운 것을 만들어 내는 일

03 빈칸에 공통으로 들어갈 알맞은 어휘에 ✓표를 하시오.

> • 과학자들은 우주에 대해 [ ] 우주의 비밀을 알아냈다.
>
> • 한 의사가 그 병의 치료 방법을 [ ] 많은 환자를 구했다.

☐ 참고하여   ☐ 연구하여   ☐ 체험하여   ☐ 검사하여

04 밑줄 그은 어휘와 뜻이 비슷한 어휘를 골라 ○표를 하시오.

> 우리 집 강아지는 동생 뒤만 쫓아다닌다.
>
> ↳ 보살핀다 | 뛰어다닌다 | 따라다닌다

05 괄호 안에서 바르게 쓴 어휘를 골라 ○표를 하시오.

1 내 (곁 | 곁)에는 친구들이 많다.

2 그 사건이 일어나게 된 원인을 (밝히다 | 발키다).

3 나는 형을 좋아해서 형만 (좇아다녔다 | 쫓아다녔다).

06 '인공'이 사용된 어휘와 그 뜻을 선으로 바르게 이으시오.

1 인공호흡 •

2 인공위성 •

3 인공두뇌 •

• ㉠ 지구 따위의 둘레를 돌도록 로켓의 힘으로 쏘아 올린 장치

• ㉡ 사람의 머리가 하는 활동과 비슷한 일을 하는 기계나 기구

• ㉢ 숨이 멈췄거나 숨을 쉬기 어려운 사람에게 사람의 힘으로 숨을 쉴 수 있도록 하는 처치

07 밑줄 그은 한자 성어의 뜻으로 알맞은 것은?

시은: 내 곁에 있는 친구들은 모두 성격이 조용하고 책 읽기를 좋아해. 나와 성격이 비슷해.
은지: 유유상종(類類相從)이라고 하더니 너와 네 친구들이 그렇구나.

① 처지를 바꾸어서 생각해 보다.
② 성격이나 생각이 비슷한 사람끼리 서로 사귄다.
③ 무슨 일에 대하여 방향이나 갈피를 잡을 수 없다.
④ 나쁜 사람과 가까이 지내면 나쁜 버릇에 물들기 쉽다.
⑤ 겉으로는 같이 행동하면서도 속으로는 각각 딴생각을 한다.

08~10 다음 글을 읽고, 물음에 답하시오. 　과학 생물

　　병아리들이 어미 닭의 곁에서 떨어지지 않고 졸졸 쫓아다니는 장면을 본 적이 있을 것이다. 병아리들은 어떻게 그 닭이 자신의 어미 닭인지 알 수 있었던 것일까? 오스트리아의 로렌츠라는 동물학자는 인공 시설에서 태어난 새끼 기러기가 태어나는 순간에 처음으로 본 자신을 어미로 알고 졸졸 따라다니자 이에 관해 연구하였다.

　　로렌츠는 갓 태어난 동물이 특정한 시기에 처음 보게 된 대상을 어미로 생각하고 쫓아다닌다는 것을 알게 되었다. 로렌츠는 이러한 동물의 행동 특성을 '각인'이라고 이름 지었다. 로렌츠는 각인을 통해 갓 태어난 새끼와 어미 사이에 끈끈한 관계가 형성되며 그 관계는 시간이 지나도 계속된다는 것을 밝혀내었다. 이러한 각인은 닭, 오리, 기러기와 같은 새들에게 많이 나타나지만 양이나 염소에게도 나타난다고 한다.

08 이 글의 핵심 내용을 파악하여 빈칸에 들어갈 알맞은 말을 쓰시오.

갓 태어난 동물이 처음 본 대상을 쫓아다니는 행동인 '□□'

09 '각인'에 대한 설명으로 알맞은 것은? [✎　　]

① 새들에게만 나타나는 행동이다.
② 수컷이 암컷을 쫓아다니는 행동이다.
③ 새끼 때만 잠깐 나타났다가 사라지는 행동이다.
④ 태어나면서부터 어미와 떨어져 지내는 행동이다.
⑤ 새끼와 어미 사이에 끈끈한 관계를 형성해 주는 행동이다.

10 로렌츠가 '각인'을 연구하게 된 동기로 알맞은 것은? [✎　　]

① 양이나 염소를 관찰했다.
② 인공 시설에서 오리 새끼들을 길렀다.
③ 특정한 곳에만 알을 낳는 새를 보았다.
④ 어미 닭 곁에 붙어 있는 병아리를 보았다.
⑤ 갓 태어난 기러기가 로렌츠를 어미로 알고 쫓아다녔다.

03

사회 지역

날씨에 따른 음식

우리나라는 계절마다 다양한 음식이 발달했어.

사계절

넷	사	四
계절	계	季
마디	절	節

봄·여름·가을·겨울의 네 철

발달

피다	발	發
다다르다	달	達

학문, 기술, 사회 따위의 현상이 보다 높은 수준에 이르다.

겨울에 입기 적합한 옷을 생산하고 있어.

적합

맞다	적	適
맞다	합	合

일이나 조건 따위에 꼭 알맞다.

생산

나다	생	生
생기다	산	産

인간이 생활하는 데 필요한 각종 물건을 만들어 내다.

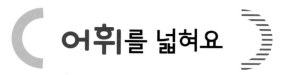

01 빈칸에 공통으로 들어갈 알맞은 어휘를 쓰시오.

- 우리나라는 봄, 여름, 가을, 겨울의 〔　〕〔　〕〔　〕이 있다.
- 소나무는 계절의 변화와 상관없이 〔　〕〔　〕〔　〕 내내 초록빛을 띤다.

02 왼쪽 어휘와 뜻이 비슷한 어휘를 골라 ✔표를 하시오.

| 적합하다 | ☐ 알맞다 | ☐ 꾸준하다 | ☐ 평범하다 |

03 밑줄 그은 어휘와 뜻이 비슷한 어휘로 알맞은 것은?　〔✎　〕

이 제품은 우리나라에서 가장 기술이 뛰어난 공장에서 만들었다.

① 소비했다　　② 연구했다　　③ 생산했다
④ 구분했다　　⑤ 계산했다

04 빈칸에 들어갈 알맞은 어휘를 보기에서 골라 쓰시오.

보기

발달하다　　적합하다　　생산하다

1 이 지역에서 사과를 많이 〔　　　〕.

2 이 계곡은 물의 높이가 낮아 물놀이를 하기에 〔　　　〕.

3 이제는 못 고치는 병이 거의 없을 정도로 의학 기술이 〔　　　〕.

어법+표현 다져요

05 밑줄 그은 어휘의 뜻을 보기에서 골라 그 기호를 쓰시오.

보기

발달하다

㉠ 신체, 정서, 지능 따위가 성장하거나 성숙하다.
　　예 운동을 하니 근육이 발달하다.
㉡ 학문, 기술, 사회 따위의 현상이 보다 높은 수준에 이르다.
　　예 건축 기술이 발달하다.
㉢ 기압, 태풍 따위의 규모가 점차 커지다.
　　예 남부 지방에 고기압이 발달하다.

1 개는 인간보다 후각이 <u>발달하였다</u>. (　　　　)

2 신라 시대에는 천문 과학이 <u>발달하였다</u>. (　　　　)

3 먼바다에서 생긴 저기압이 제주도 부근에서 태풍으로 <u>발달하였다</u>. (　　　　)

06 밑줄 그은 말의 뜻으로 알맞은 것을 골라 ✓표를 하시오.

　친구들과 모둠을 이루어 학급 신문을 만들었다. 나는 오래 알고 지낸 친구들과 같은 모둠이 되어 모둠원끼리 서로 <u>손발이 맞았다</u>. 그 덕분에 우리 모둠은 우리 반에서 가장 멋진 학급 신문을 만들 수 있었다.

☐ 이야기 따위가 이치에 맞다.
☐ 무엇을 달라고 요구하거나 달라고 빌다.
☐ 함께 일을 하는 데에 마음이나 의견 따위가 서로 맞다.

07 빈칸에 다음 한자 성어를 쓸 수 있는 문장을 골라 ✓표를 하시오.

춘하추동　춘(春) 봄　하(夏) 여름　추(秋) 가을　동(冬) 겨울
봄·여름·가을·겨울의 네 계절이라는 뜻이다.

☐ 　　　　　가 모두 섞이어 잔치를 즐겼다.

☐ 자연은 　　　　　에 따라 그 색과 모습이 다르다.

☐ 가을은 　　　　　의 계절이라 황금빛 물결이 일어난다.

08~10 다음 글을 읽고, 물음에 답하시오.

사회 지역

외국에 가서 먹은 음식이나 텔레비전에서 본 외국 음식을 생각해 보자. 우리나라에서 먹는 음식과는 다른 그곳만의 독특한 음식이 있음을 알 수 있다. 이렇듯 사는 곳에 따라 먹는 음식이 다른 데에는 그곳의 날씨가 많은 영향을 끼친다. 사람들이 날씨에 **적합한** 음식 문화를 발달시켜 왔기 때문이다.

덥고 비가 적게 오는 지역에서는 농사를 짓기 어렵기 때문에 그 지역에 사는 사람들은 주로 가축의 우유나 고기를 먹었다. 덥고 비가 많이 오는 지역에서는 음식이 쉽게 상하기 때문에 음식을 소금에 절여 음식이 상하는 것을 막았다. 춥고 눈이 많이 오는 지역에서는 물고기나 바다에 사는 동물을 잡아 저장해 두고 먹었다. 우리나라처럼 **사계절**이 있는 지역은 다른 지역에 비해 풍부한 음식 재료를 **생산**할 수 있어서 다양한 음식들이 발달하였다.

08 이 글의 핵심 내용을 파악하여 빈칸에 들어갈 알맞은 말을 쓰시오.

날씨에 맞게 발달한 여러 지역의 [ ][ ] 문화

09 사계절이 있는 지역에서 다양한 음식이 발달한 이유로 알맞은 것은?

① 음식이 상하지 않아서
② 음식 요리법이 쉬워서
③ 사람들이 먹는 것을 좋아해서
④ 사람들이 요리하는 것을 좋아해서
⑤ 다양한 음식 재료를 생산할 수 있어서

10 소금에 절인 음식이 발달한 지역으로 알맞은 것은?

① 계속 같은 날씨인 지역
② 바람이 많이 부는 지역
③ 덥고 비가 적게 오는 지역
④ 덥고 비가 많이 오는 지역
⑤ 춥고 눈이 많이 오는 지역

수학 연산

나무를 심어요

실제

사실	실 實
즈음	제 際

사실의 경우나 형편

원인

근본	원 原
이유가 되다	인 因

어떤 일을 일으키게 하는 근본이 된 일이나 사건

저 가수는 실제 나이보다 어려 보여.

운동을 열심히 한 것이 원인일 거야.

방학 기간이 줄어들었어.

기간

약속하다	기 期
사이	간 間

어느 일정한 시기부터 다른 어느 일정한 시기까지의 사이

줄어들다

길이가 짧아지거나 양이 적어지다.

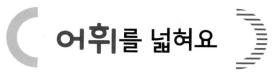

01 빈칸에 들어갈 알맞은 어휘를 쓰시오.

> 싸움의 ☐☐ 은 현수가 지효의 연필을 부러뜨린 일이다.
>
> 어떤 일을 일으키게 하는 근본이 된 일이나 사건

02 빈칸에 공통으로 들어갈 알맞은 어휘에 ✓표를 하시오.

> 정은: 요즘 입맛이 없어서 먹는 양이 ☐☐☐.
>
> 지민: 나는 요즘 더워서 그런지 잠이 안 와서 잠자는 시간이 ☐☐☐.

☐ 많아졌어   ☐ 사라졌어   ☐ 필요했어   ☐ 줄어들었어

03 빈칸에 '기간'을 쓸 수 <u>없는</u> 문장의 기호를 쓰시오.

> ㉠ 입학식이 ☐☐☐ 대로 착착 진행되었다.
>
> ㉡ 어려운 일을 짧은 ☐☐☐ 안에 모두 끝냈다.
>
> ㉢ 다리가 아파서 오랜 ☐☐☐ 동안 치료를 받았다.
>
> ㉣ 여름 방학 ☐☐☐ 에는 할머니 댁에 갈 예정이다.

[✎   ]

04 다음 표에서 뜻이 비슷하거나 반대되는 어휘를 골라 ○표를 하시오.

1	2
실제	줄어들다
◀ 비슷한 뜻	◀ 반대의 뜻
사실 | 거짓 | 꾸밈	나누다 | 떨어지다 | 늘어나다

05 보기를 보고, 괄호 안에서 알맞은 어휘를 골라 ○표를 하시오.

> 보기
>
> | 실제 | 사실의 경우나 형편 |
> | | 예 이 그림은 실제 풍경을 그렸다. |
> | 실재 | 실제로 존재하다. |
> | | 예 용은 실재하는 동물이 아니다. |

1 이순신 장군은 역사 속에 (실제 | 실재)했던 인물이다.

2 내 동생은 사진을 찍으면 (실제 | 실재) 모습보다 예쁘게 나온다.

06 밑줄 그은 부분에 들어갈 말로 알맞은 것에 ✓표를 하시오.

> 세희: 준기야, 이 연필 예쁘지? 한 자루에 300원이라 다섯 자루 샀어.
> 준기: 나도 어제 똑같은 연필을 샀는데 한 자루에 200원씩 주었어.
> 세희: 뭐? 내가 싸게 산 게 아니네.
> 준기: 아무래도 너는 _____ 것 같아.

☐ 말을 잃다

놀라거나 어이가 없어 말이 나오지 않다.

☐ 손가락 안에 꼽히다

어떤 단체나 무리 중에서 몇 되지 않게 특별하다.

☐ 바가지를 쓰다

요금이나 물건값을 실제 가격보다 비싸게 지불하여 억울한 손해를 보다.

07 밑줄 그은 속담의 뜻으로 알맞은 것은? [✎]

> 은지: 요즘 아침에 일어나기가 힘들고, 낮에도 너무 졸려요.
> 엄마: 아니 땐 굴뚝에 연기 날까? 밤마다 늦게까지 잠을 안 자고 게임을 하니까 그렇지.

① 원인이 없으면 결과가 있을 수 없다.

② 작은 것도 모이면 큰 덩어리가 된다.

③ 일의 순서도 모르고 성급하게 덤빈다.

④ 한 가지 일을 끝까지 해야 성공할 수 있다.

⑤ 전혀 기대하지 않은 것이 갑자기 나타난다.

08~10 다음 글을 읽고, 물음에 답하시오.　　　　　　　　　　수학 연산

　　연수는 인터넷에서 중국에서 황사를 줄이기 위해 중국의 사막 지역에 나무를 심는다는 기사를 보았다. 나무를 심어서 숲을 만들면 사막이 넓어지는 것을 막을 수 있다고 한다. 황사가 생기는 원인은 사막에서 불어오는 모래바람인데, 사막이 줄어들면 황사도 줄어든다고 한다. 많은 사람들의 노력으로 넓은 사막이 숲으로 변했고, 그 지역 사람들의 실제 생활도 더 나아졌다고 한다. 이번에 중국의 사막 지역에 나무를 심기 위해 우리나라에서 자원봉사자 15명이 중국으로 떠난다. 자원봉사자들은 중국에 머무는 기간 동안 한 사람이 2그루의 나무를 심을 예정이라고 한다. 이 자원봉사자들이 심을 나무의 수는 모두 몇 그루일까?

08 이 문제에서 묻고 있는 내용을 쓰시오.

　　　　　　　자원봉사자들이 중국의 사막 지역에 심을 [　][　] 의 수

09 자원봉사를 떠난 사람의 수와 한 사람이 심을 나무의 수로 알맞은 것은?　[　　]

	사람의 수	나무의 수
①	12	1
②	13	1
③	14	1
④	15	2
⑤	16	2

10 자원봉사자들이 심을 나무의 수를 구하는 식과 답을 구하시오.

식 _____

답 [　　] 그루

과학 우주

05 달의 생김새

충돌

부딪치다	충	衝
부딪치다	돌	突

서로 맞부딪치거나 맞서다.

움푹

가운데가 둥그스름하게 푹 패어 들어간 모양

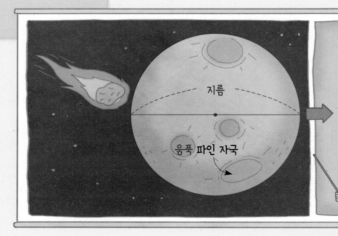

지름

움푹 파인 자국

달에는 우주를 떠돌던 돌덩이와 충돌하여 만들어진 자국이 있어요.

지름

원이나 구에서, 중심을 지나 그 둘레 위의 두 점을 직선으로 이은 선분

떠돌다

공중이나 물 위에 떠서 이리저리 움직이다.

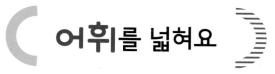
01 빈칸에 들어갈 알맞은 어휘를 쓰시오.

은수: 큰길에서 버스와 택시가 ❶ [ ][ ] 하는 사고가 있었어.

서로 맞부딪치거나 맞서다.

미소: 나도 봤어. 버스와 택시 모두 부딪힌 부분이 ❷ [ ][ ] 들어가 있었어.

가운데가 둥그스름하게 푹 패어 들어간 모양

02 다음 어휘의 뜻으로 알맞은 어휘를 괄호 안에서 골라 ○표를 하시오.

지름

뜻 원이나 구에서, 중심을 지나 그 둘레 위의 두 점을 (곡선 | 직선)으로 이은 선분

03 빈칸에 '떠돌다'를 쓸 수 <u>없는</u> 문장의 기호를 쓰시오.

㉠ 나는 좌우를 살피며 횡단보도를 [   ].

㉡ 동생이 만든 비눗방울이 하늘을 [   ].

㉢ 베란다에서 이불을 터니 뿌연 먼지가 공중에 [   ].

㉣ 기름을 실은 배가 바다에 가라앉아 물 위에 기름이 [   ].

[✎   ]

04 밑줄 그은 어휘와 뜻이 비슷한 어휘를 골라 ✓표를 하시오.

두 나라의 해군이 바다 위에서 <u>충돌했다</u>.

☐ 훈련했다   ☐ 움직였다   ☐ 도망쳤다   ☐ 맞부딪쳤다

어법+표현 다져요

05 밑줄 그은 어휘의 뜻을 보기에서 골라 그 기호를 쓰시오.

> **보기**
>
> **떠돌다**
>
> ㉠ 정한 곳 없이 이곳저곳을 옮겨 다니다.
> 　　예 선원들이 배를 타고 바다를 떠돌다.
> ㉡ 공중이나 물 위에 떠서 이리저리 움직이다.
> 　　예 먼지가 하늘을 떠돌다.
> ㉢ 어떤 말이나 소문 따위가 여러 곳으로 퍼지다.
> 　　예 우리 반에 이상한 소문이 떠돌다.

1 바닷물 위에 플라스틱 병들이 떠돌다. (　　　　)

2 나그네는 집에 돌아가지 않고 이곳저곳을 떠돌았다. (　　　　)

3 그 가수가 더 이상 노래를 하지 않을 것이라는 소문이 떠돈다. (　　　　)

06 밑줄 그은 부분이 보기와 같이 모양을 흉내 내는 말이 아닌 것은? [✎　　]

> **보기**
>
> **움푹**　가운데가 둥그스름하게 푹 패어 들어간 모양
> 　　예 도로가 여기저기 움푹 패여 있었다.

① 동생이 고개를 갸우뚱 기울였다.
② 내가 찬 공이 데굴데굴 굴러갔다.
③ 철문을 쿵쿵 두드리는 소리가 들렸다.
④ 아기는 기분이 좋은지 방긋방긋 웃었다.
⑤ 오리 떼가 줄을 지어 뒤뚱뒤뚱 걸어왔다.

07 밑줄 그은 한자 성어의 뜻으로 알맞은 것에 ✓표를 하시오.

> 　누나와 싸움을 한 수영이는 엄마께 누나가 잘못한 점을 말하며 하소연하였다. 하지만 엄마께서는 고장난명(孤掌難鳴)이라며 둘이 똑같이 행동하니까 싸우게 되는 것이라고 하셨다.

☐ 처지를 바꾸어서 생각하여 본다.
☐ 난처한 일이나 불행한 일이 잇따라 일어난다.
☐ 맞서는 사람이 없으면 싸움이 일어나지 않는다.

08~10 다음 글을 읽고, 물음에 답하시오.

달은 보이는 모양에 따라 이름이 다르다. 둥근 보름달, 눈썹 같은 초승달, 그리고 둥근 쟁반을 반으로 자른 것 같은 반달. 그런데 진짜 달은 어떻게 생겼을까? 달은 둥근 공 모양이고 회색빛을 띠고 있다. 달의 지름은 지구 지름의 약 $\frac{1}{4}$ 정도이다.

달의 표면에는 밝은 곳과 어두운 곳, 매끈매끈한 면과 울퉁불퉁한 면이 있다. 달의 표면에 있는 어두운 곳을 '달의 바다'라고 부르지만 물이 있는 것은 아니며 넓고 평평하다. 달 표면의 사진을 확대해 보면 돌이 있다는 것을 알 수 있고 크고 작은 구덩이들이 있다는 것도 알 수 있다. 움푹 파인 구덩이들은 우주를 떠돌던 돌덩이가 달 표면에 충돌하여 만들어진 것이다.

08 이 글의 핵심 내용을 파악하여 빈칸에 들어갈 알맞은 말을 쓰시오.

{ ☐의 모양과 달 표면의 특징 }

09 달의 생김새에 대한 설명으로 알맞지 <u>않은</u> 것은? [✎   ]

① 달은 지구보다 작다.
② 달은 회색빛을 띠고 있다.
③ 달에는 물이 흐르는 바다가 있다.
④ 달은 전체적으로 둥근 공 모양이다.
⑤ 달의 표면에는 어두운 곳과 밝은 곳이 있다.

10 달의 표면에 구덩이가 생긴 이유로 알맞은 것은? [✎   ]

① 달과 지구가 충돌하였다.
② 물이 고여서 파인 곳이 생겼다.
③ 화산이 폭발해 울퉁불퉁한 곳이 생겼다.
④ 구슬 같은 모양의 돌들이 뭉쳐져 생겼다.
⑤ 우주를 떠돌던 돌덩이가 달과 부딪쳤다.

사회 사회·문화

세계가 지켜야 할 문화재

특색

| 특별하다 | 특 | 特 |
| 모양 | 색 | 色 |

보통의 것과 다른 점

지정

| 가리키다 | 지 | 指 |
| 정하다 | 정 | 定 |

나라, 학교, 회사 등이 어떤 것에 특별히 정한 자격을 주다.

우리 고유의 특색이 드러나는 문화재가 국보로 지정됐어.

다양한 문화재에 대한 정보를 정리해서 간직해야지.

다양하다

| 많다 | 다 | 多 |
| 모양 | 양 | 樣 |

모양, 빛깔, 형태 따위가 여러 가지로 많다.

간직하다

생각이나 기억 따위를 마음 속에 깊이 새겨 두다.

01 빈칸에 공통으로 들어갈 알맞은 어휘를 쓰시오.

- 각 나라에는 그 나라만의 ☐☐ 이 있는 음식들이 있다.

- 내 동생은 생김새나 성격이 평범하여 별다른 ☐☐ 이 없다.

02 빈칸에 들어갈 알맞은 어휘에 ✓표를 하시오.

우리나라에서는 멸종 위기에 놓인 동물들을 보호 동물로 ☐☐☐☐☐☐.

☐ 가리켰다   ☐ 지정했다   ☐ 맞이했다   ☐ 배려했다

03 빈칸에 '다양하다'를 쓸 수 없는 문장의 기호를 쓰시오.

ⓐ 내가 가진 옷들은 색깔이 ☐☐☐☐.

ⓑ 아빠의 취미는 등산, 테니스 등으로 ☐☐☐☐.

ⓒ 엄마는 만들 줄 아는 음식의 종류가 ☐☐☐☐.

ⓓ 어릴 때 손가락을 빠는 행동이 버릇으로 ☐☐☐☐.

[✏]

04 밑줄 그은 말과 뜻이 비슷한 어휘로 알맞은 것은? [✏]

나는 피아니스트가 되겠다는 소망을 마음속에 새기고 열심히 연습하였다.

① 파악하고   ② 주의하고   ③ 상상하고

④ 만족하고   ⑤ 간직하고

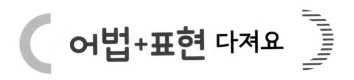
05 괄호 안에서 바르게 쓴 어휘를 골라 ○표를 하시오.

1 그 가수를 보려고 사람들이 (많이 | 많히) 모였다.

2 미호는 준호에 대한 고마움을 가슴 (깊이 | 깊히) 새겨 두었다.

3 나는 모든 친구들과 친하지만 (특별이 | 특별히) 은우와 더 친하다.

06 밑줄 그은 말의 뜻으로 알맞은 것은?

> 엄마는 민서에게 생일에 받고 싶은 선물이 무엇이냐고 물으셨다. 엄마는 <u>마음에 둔</u> 선물을 말하면 그 선물을 주시겠다고 하셨다. 민서는 예전에 자전거 가게에서 보았던 자전거를 마음속에 간직해 두고 있었다. 그래서 민서는 자전거가 필요하다고 말씀드렸다.

① 긴장했던 마음을 늦추다.
② 무엇을 하고 싶은 생각이 없다.
③ 잊지 않고 마음속에 새겨 두다.
④ 마음속에 맺혔던 것이 없어지다.
⑤ 서로 생각이 같아 이해가 잘 되다.

07 빈칸에 다음 한자 성어를 쓸 수 있는 문장을 골라 ✓표를 하시오.

> **다다익선** 다(多) 많다 다(多) 많다 익(益) 더하다 선(善) 좋다
> 많으면 많을수록 더 좋다는 의미이다.

☐ 내 친구는 [　　　　] 하게 학교에 지각을 한다.

☐ [　　　　] 이라고 책은 많이 읽으면 읽을수록 좋다.

☐ 무엇을 먹고 싶으냐는 물음에 우리들은 [　　　　] 으로 피자를 외쳤다.

08~10 다음 글을 읽고, 물음에 답하시오.

사회 사회·문화

　문화유산은 조상들의 문화 중에서 후손들에게 물려줄 만한 가치가 있는 것을 말한다. 그 중 세계의 모든 사람이 보호해야 할 귀중한 문화유산을 '세계 문화유산'이라고 한다. 이집트의 피라미드, 인도의 타지마할 궁전, 중국의 만리장성, 프랑스의 베르사유 궁전 등 여러 나라의 다양한 문화유산이 세계 문화유산으로 지정되었다.
　우리나라 경주에 있는 양동 마을도 세계 문화유산 중 하나이다. 양동 마을은 조선 시대의 전통문화를 그대로 간직하고 있는 우리나라 최대의 민속 마을이다. 이 마을에는 우리 전통문화의 특색이 드러나는 옛날 집들이 잘 보존되어 있다. 또한 마을 사람들은 지금도 전통 결혼식이나 전통 놀이를 하는 등 전통문화를 지키며 살고 있다.

08 이 글의 핵심 내용을 파악하여 빈칸에 들어갈 알맞은 말을 쓰시오.

세계 ☐☐☐☐ 의 뜻과 그 중 하나인 양동 마을

09 세계 문화유산에 대한 설명으로 알맞은 것은? [✎　]

① 우리나라에만 있다.
② 왕이 살던 궁전만 해당된다.
③ 전 세계에서 한 곳만 지정되었다.
④ 후손들이 잘 관리하는 문화를 지정한다.
⑤ 전 세계 사람들이 보호해야 할 귀중한 문화유산이다.

10 양동 마을에 대한 설명으로 알맞지 <u>않은</u> 것은? [✎　]

① 세계 문화유산 중 하나이다.
② 우리나라 경주에 있는 마을이다.
③ 다양한 외국의 문화를 볼 수 있다.
④ 우리나라에서 가장 큰 민속 마을이다.
⑤ 지금도 전통 결혼식이나 전통 놀이를 한다.

사회 역사

소식을 전하는 방법

수단

| 손 | 수 | 手 |
| 방법 | 단 | 段 |

어떤 목적을 이루기 위한 방법. 또는 그 도구

변방

| 가장자리 | 변 | 邊 |
| 장소 | 방 | 方 |

나라의 경계가 되는 가장자리의 땅

나라와 나라의 경계인 변방

빠르게 이동하는 수단인 비행기

나는 긴급한 환자를 신속하게 병원으로 옮겨.

긴급

| 꼭 필요하다 | 긴 | 緊 |
| 급하다 | 급 | 急 |

꼭 필요하고 중요하며 급하다.

신속

| 빠르다 | 신 | 迅 |
| 빠르다 | 속 | 速 |

매우 날쌔고 빠르다.

어휘를 넓혀요

정답과 해설 12쪽

01 빈칸에 들어갈 알맞은 어휘를 쓰시오.

1 세종 대왕은 조선의 [ ][ ] 지역에 살던 여진족들을 물리쳤다.

　　　나라의 경계가 되는 가장자리의 땅

2 소방차는 사이렌을 울려서 [ ][ ]한 일이 생겼다는 것을 알린다.

　　　꼭 필요하고 중요하며 급하다.

02 다음 표에서 뜻이 비슷하거나 반대되는 어휘를 골라 ○표를 하시오.

날쌔다 매섭다 강하다	비슷한 뜻	신속하다	반대의 뜻	멀다 느리다 적합하다

03 밑줄 그은 어휘와 뜻이 비슷한 어휘를 골라 ✓표를 하시오.

> 동물들은 자신의 생각을 알리는 <u>수단</u>으로 냄새를 풍기거나 소리를 낸다.

☐ 고민　　　☐ 원인　　　☐ 성격　　　☐ 방법

04 빈칸에 들어갈 알맞은 어휘를 보기에서 골라 쓰시오.

보기

변방　　수단　　긴급하다　　신속하다

1 인터넷 상점에서 물건을 사면 배달이 [ ].

2 지호는 용돈을 더 받으려고 온갖 [ ]을 다 썼다.

3 화산이 폭발하여 주변 지역을 덮쳐 상황이 매우 [ ].

4 옛날에 북쪽 [ ]에 사는 오랑캐들이 우리나라를 자주 침입했다.

05 보기를 보고, 밑줄 그은 부분 중 잘못 쓰인 것을 고르면? [✎   ]

> **보기**
>
> | 로써 | 일을 하는 수단이나 물건의 재료, 원료를 나타낸다.
예 말로써 천 냥 빚을 갚는다. |
> | --- | --- |
> | 로서 | 지위, 신분, 자격을 나타낸다.
예 그는 작가로서 유명하다. |

① 쌀로써 떡을 만든다.

② 대화로써 그 문제를 해결했다.

③ 이 음식은 꿀로서 단맛을 냅니다.

④ 소비자로서 제품에 대한 불만을 말했다.

⑤ 동생을 돕는 일은 언니로서 당연히 할 일이다.

06 밑줄 그은 부분에 들어갈 말로 알맞은 것에 ✔표를 하시오.

> 태풍이 불어 과수원의 과일이 떨어질 위기에 처했다. 그러자 동네 사람들은 힘을 모아 신속하게 과일을 모두 땄다. 사람들이 _____ 움직여 과수원은 피해를 줄일 수 있었다.

☐ 발에 차이다	☐ 발 빠르다	☐ 발을 뻗다
여기저기 흔하게 널려 있다.	알맞고 필요한 대책을 신속히 취하다.	걱정되거나 애쓰던 일이 끝나 마음을 놓다.

07 다음 속담을 사용할 수 있는 상황으로 알맞은 것은? [✎   ]

> **급하면 바늘허리에 실 매어 쓸까**
>
> 바느질을 할 때, 바늘구멍에 실을 꿰어야지 바늘 가운데에 실을 매면 안 된다. 이 속담은 바느질에 빗대어 일에는 정해진 순서가 있으므로 아무리 급해도 순서대로 일해야 한다는 뜻을 나타낸다.

① 자기 자랑을 많이 하는 사람에게

② 다른 사람에 대한 나쁜 말을 하는 사람에게

③ 어려움에 처한 사람을 배려하고 돕는 사람에게

④ 시험을 못 본 후에 공부하지 않은 것을 후회하는 사람에게

⑤ 어떤 그림을 그릴지 생각하지 않고 바로 색칠을 하는 사람에게

08~10 다음 글을 읽고, 물음에 답하시오. 【사회】 역사

우리는 먼 곳에 있는 사람과 소식을 주고받을 때 전화나 전자 우편을 이용한다. 그렇다면 옛날에는 어떻게 소식을 주고받았을까? 조선 시대에는 먼 곳에 신속하게 소식을 전하기 위한 수단으로 파발과 봉수를 사용하였다. 파발은 사람이 걷거나 말을 타고 가서 소식을 전하는 방법이다. 소식이 긴급한 정도에 따라 파발에 방울을 달았는데, 급한 일에는 방울을 3개 달았다. 파발은 날씨와 상관없이 이용할 수 있고 문서로 정확한 내용을 전달할 수 있었다.

봉수는 높은 산 위에 굴뚝 다섯 개가 있는 봉수대를 만들고, 연기나 불을 피워서 소식을 전하는 방법이다. 일이 긴급한 정도에 따라 굴뚝에 피워 올리는 불의 개수를 달리 했다. 여러 산꼭대기에 이러한 봉수대들을 만들어 변방 지역에서 한양까지 소식을 전했는데, 속도가 파발보다 빠른 대신에 날씨가 안 좋으면 사용할 수 없었다.

08 이 글의 핵심 내용을 파악하여 빈칸에 들어갈 알맞은 말을 쓰시오.

조선 시대에 소식을 전하는 수단인 ☐☐ 과 ☐☐

09 파발에 대한 설명으로 알맞은 것은? [✎]

① 가까운 곳만 사용했다.
② 바람으로 소식을 전했다.
③ 급한 일에는 방울을 3개 달았다.
④ 내용을 정확하게 전달하기 어려웠다.
⑤ 날씨가 안 좋으면 사용할 수 없었다.

10 봉수에 대한 설명으로 알맞지 <u>않은</u> 것은? [✎]

① 한양 안에서만 사용했다.
② 소식을 전하는 속도가 파발보다 빨랐다.
③ 비가 오거나 안개가 끼면 사용하지 못했다.
④ 산꼭대기에 봉수대를 만들어 소식을 전했다.
⑤ 긴급한 정도에 따라 피우는 불의 개수가 달랐다.

국어 쓰기

08 감각으로 표현해요

실감

진실로	실 實
느끼다	감 感

실제로 체험하는 느낌

생생하다

바로 눈앞에 보는 것처럼
또렷하다.

물에 빠진 모습을
실감 나게 표현했네.

바로 눈앞에서 보는
것처럼 생생해.

기준
모양

표현

겉	표 表
드러내다	현 現

생각이나 느낌 따위를 언어
나 몸짓 따위로 드러내어
나타내다.

구분

나누다	구 區
나누다	분 分

일정한 기준에 따라 전체를
몇 개로 갈라 나누다.

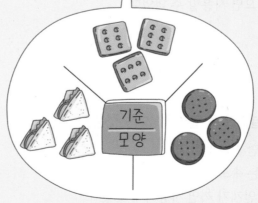

01 빈칸에 들어갈 알맞은 어휘를 쓰시오.

1 화면이 크니 영화를 ☐☐ 나게 볼 수 있다.

실제로 체험하는 느낌

2 학교 앞 도로는 차도와 인도의 ☐☐ 이 잘 되어 있다.

일정한 기준에 따라 전체를 몇 개로 갈라 나누다.

02 밑줄 그은 어휘의 뜻으로 알맞은 어휘를 괄호 안에서 골라 ○표를 하시오.

> 여름 방학 때 물놀이를 했던 기억이 지금도 생생하다.

→ 뜻 바로 (눈앞 | 양옆)에 보는 것처럼 (또렷하다 | 흐릿하다).

03 밑줄 그은 어휘와 뜻이 비슷한 어휘로 알맞은 것은? [✎]

> 동생은 자신의 생각을 그림으로 표현했다.

① 뛰어났다　　　② 감추었다　　　③ 나타냈다
④ 파악했다　　　⑤ 조사했다

04 '감(感)' 자가 들어간 보기의 어휘 중 빈칸에 알맞은 어휘를 골라 쓰시오.

> **보기**
> 감동(느끼다 感, 움직이다 動)　　　감사(느끼다 感, 사례하다 謝)

1 그 가수의 노래를 듣고 ☐☐ 을 받았다.

크게 느끼어 마음이 움직이다.

2 어버이날에 부모님께 편지를 써서 ☐☐ 의 마음을 전했다.

고맙게 여기는 마음

05 밑줄 그은 어휘의 뜻을 보기에서 골라 그 기호를 쓰시오.

> **보기**
>
> 생생하다
>
> ㉠ 시들거나 상하지 않고 생기가 있다.
>
>   예 어머니가 사 오신 고등어가 생생하다.
>
> ㉡ 빛깔 따위가 맑고 산뜻하다.
>
>   예 한복 치마의 붉은 빛깔이 생생하다.
>
> ㉢ 바로 눈앞에 보는 것처럼 또렷하다.
>
>   예 가족들과 여행을 갔던 기억이 생생하다.

1 나무에서 딴 포도가 아주 생생하다. (　　　　)

2 햇살을 받은 나뭇잎의 초록빛이 생생했다. (　　　　)

3 친구들과 술래잡기하며 놀던 추억이 생생하다. (　　　　)

06 보기를 보고, 빈칸에 들어갈 알맞은 말을 쓰시오.

> **보기**
>
>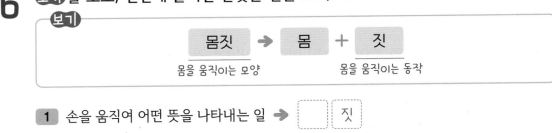
>
> 몸짓 ➡ 몸 + 짓
>
> 몸을 움직이는 모양　　　　몸을 움직이는 동작

1 손을 움직여 어떤 뜻을 나타내는 일 ➡ 　　 짓

2 눈을 움직여 어떤 뜻을 전하는 동작 ➡ 　　 짓

07 밑줄 그은 속담의 뜻으로 알맞은 것은? [✎　　]

> 은지: 내가 자기 색종이를 마음대로 가져갔다고 민지가 화를 냈어. 내가 가져가지 않았
> 는데도 당황해서 아무 말도 못 했어. 민지가 계속 오해할 텐데 어떡하지?
> 우영: 말 안 하면 귀신도 몰라. 내일 민지에게 가서 모르는 일이라고 꼭 이야기해.

① 오순도순 사이좋게 지내야 한다.

② 일을 잘못하여 크게 부끄러움을 당하다.

③ 논리에 맞지 않는 엉뚱하고 쓸데없는 말을 하다.

④ 당한 데서는 아무 말 못하고 뒤에 가서 불평한다.

⑤ 마음속으로만 애태우지 말고 시원스럽게 말을 해야 한다.

08~10 다음 글을 읽고, 물음에 답하시오. 국어 쓰기

어떻게 하면 사물이나 사람에 대한 느낌을 생생하고 재미있게 표현할 수 있을까? 우리의 감각은 다섯 가지로 구분할 수 있다. 즉, 우리는 눈으로 보고, 코로 냄새 맡고, 귀로 듣고, 입으로 맛을 보고, 손으로 만지면서 사물이나 사람을 느낀다. 이와 같은 감각을 이용하면 사물이나 사람을 생생하고 재미있게 표현할 수 있다.

'아기는 예쁘고 사랑스럽다.'라는 문장이 있다. 이 문장을 감각적 표현을 이용해 '아기의 눈동자는 별처럼 반짝이고, 아기가 크게 웃을 때면 옥수수 알 같은 이가 몇 개 보인다. ㉠아기의 몸에서는 과일 냄새 같은 달콤한 향기가 난다.'라고 표현해 보자. 이렇게 감각적 표현을 사용하면 장면을 머릿속에 생생하게 그릴 수 있어 실감이 나고 재미가 있다.

08 이 글의 핵심 내용을 파악하여 빈칸에 들어갈 알맞은 말을 쓰시오.

느낌을 생생하게 드러내는 ☐☐적 표현

09 이 글에서 설명한 감각적 표현의 효과로 알맞은 것을 골라 ✔표를 하시오.
☐ 장면을 머릿속에 그릴 수 있다.
☐ 더 짧고 간단하게 적을 수 있다.
☐ 자신의 주장을 정확하게 나타낼 수 있다.
☐ 감각이 아닌 다른 생각도 표현할 수 있다.

10 ㉠에서 사용된 감각으로 알맞은 것은? [✎]
① 눈으로 보기 ② 코로 냄새 맡기
③ 귀로 소리 듣기 ④ 입으로 맛 보기
⑤ 손으로 만지면서 느끼기

09

과학 생물

동물의 한살이

보살피다

정성을 기울여 보호하며 돕다.

자손

| 아들 | 자 子 |
| 손자 | 손 孫 |

자신의 세대에서 여러 세대가 지난 뒤의 자녀를 통틀어 이르는 말

모두 나의 자손들이지.

알이 부화했군. 닭들이 빠르게 번식하겠는데.

부화

| 알을 까다 | 부 孵 |
| 태어나다 | 화 化 |

동물의 알 속에서 새끼가 껍데기를 깨고 밖으로 나오다.

번식

| 많다 | 번 繁 |
| 늘어나다 | 식 殖 |

양이나 수가 많아지거나 늘어서 많이 퍼지다.

01 다음 어휘의 뜻으로 알맞은 어휘를 괄호 안에서 골라 ○표를 하시오.

> 자손
>
> 뜻 자신의 세대에서 여러 세대가 (앞선 | 지난) 뒤의 자녀를 (통틀어 | 따로따로) 이르는 말

02 빈칸에 공통으로 들어갈 어휘로 알맞지 <u>않은</u> 것을 골라 ✓표를 하시오.

> • 장마철에는 습기가 많아 세균이 [   ] 쉽다.
>
> • 시냇물이 깨끗해지자 물고기가 [   ] 시작했다.

☐ 많아지기   ☐ 늘어나기   ☐ 번식하기   ☐ 굳어지기

03 밑줄 그은 말과 뜻이 비슷한 어휘를 골라 ✓표를 하시오.

> <u>알을 깨고 나온</u> 병아리들이 어미 닭의 뒤를 졸졸 쫓아다녔다.

☐ 재빠른   ☐ 깨달은   ☐ 부화한   ☐ 생산한

04 밑줄 그은 어휘와 뜻이 비슷한 어휘를 골라 ○표를 하시오.

> 민수는 아픈 강아지를 정성껏 <u>보살폈다</u>.
> ↳ 돌보았다 | 간직했다 | 소중했다

05 보기를 보고, 빈칸에 '껍질' 또는 '껍데기'를 쓰시오.

보기

껍질	물체의 겉을 싸고 있는 단단하지 않은 물질
	예 양파 껍질을 벗기는데 매워서 눈물이 났다.
껍데기	달걀이나 조개 따위의 겉을 싸고 있는 단단한 물질
	예 소라를 삶아서 껍데기는 버리고 알맹이만 먹었다.

1 나는 사과의 [   ]을 벗기지 않고 통째로 먹었다.

2 바닷가 바위에는 조개 [   ]가 다닥다닥 붙어 있었다.

06 보기를 보고, 빈칸에 들어갈 알맞은 어휘를 쓰시오.

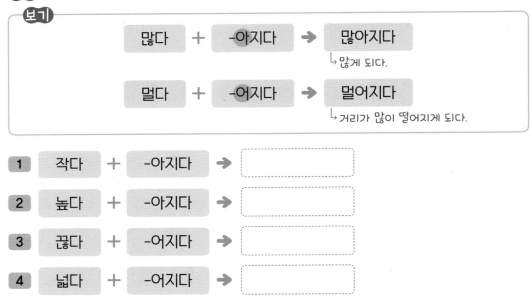

보기

많다 + -아지다 ➡ 많아지다
└ 많게 되다.

멀다 + -어지다 ➡ 멀어지다
└ 거리가 많이 떨어지게 되다.

1 작다 + -아지다 ➡ [   ]

2 높다 + -아지다 ➡ [   ]

3 끊다 + -어지다 ➡ [   ]

4 넓다 + -어지다 ➡ [   ]

07 보기에서 설명하는 속담으로 알맞은 것은?   [✎   ]

보기

　가지가 많고 잎이 무성한 나무는 살랑거리는 바람에도 잎이 흔들려서 잠시도 가만히 있을 수 없다. 이 속담은 나무를 부모에, 잎을 자손에 빗대어 자식을 많이 둔 부모는 걱정이 끊일 날이 없음을 뜻한다.

① 나무에서 고기를 찾는다　　　　② 나무를 보고 숲을 보지 못한다
③ 나무도 쓸 만한 것이 먼저 베인다　④ 나무 될 것은 떡잎 때부터 알아본다
⑤ 가지 많은 나무에 바람 잘 날이 없다

08~10 다음 글을 읽고, 물음에 답하시오.　　　과학 생물

　　지구상의 동물들이 사라지지 않는 이유는 동물들이 자손을 만들기 때문이다. 대부분의 동물들은 알이나 새끼를 낳아 번식한다. 알에서 부화하는 동물은 알에서 새끼로, 새끼에서 다 자란 동물이 되는 과정을 거친다. 알에서 부화한 암컷은 다 자라면 알을 낳을 수 있다. 알을 낳는 동물로는 닭, 뱀, 개구리, 나비 등이 있다.

　　새끼를 낳는 동물은 몸이 털이나 가죽으로 덮여 있고, 새끼와 어미의 모습이 비슷하다. 새끼는 어미젖을 먹고 자라다가 점차 다른 먹이를 먹는다. 암컷은 다 자라면 새끼를 낳고, 새끼가 다 자랄 때까지 보살핀다. 새끼를 낳는 동물로는 개, 소, 코끼리, 사자 등이 있다.

08 이 글의 핵심 내용을 파악하여 빈칸에 들어갈 알맞은 말을 쓰시오.

{ 　☐　을 낳는 동물과 　☐☐　를 낳는 동물 }

09 알을 낳는 동물이 <u>아닌</u> 것은?　　　[✎　]

① 뱀　　　　② 닭　　　　③ 소
④ 나비　　　⑤ 개구리

10 새끼를 낳는 동물에 대한 설명으로 알맞지 <u>않은</u> 것은?　　　[✎　]

① 다 자란 암컷은 새끼를 낳는다.
② 새끼와 어미의 모습이 비슷하다.
③ 몸이 털이나 가죽으로 덮여 있다.
④ 새끼는 다 자라서도 어미젖을 먹는다.
⑤ 어미는 새끼가 다 자랄 때까지 돌본다.

수학 연산

10 곱셈을 쉽게 하는 도구

편리

| 편하다 | 편 | 便 |
| 이롭다 | 리 | 利 |

편하고 이익이 있으며 이용하기 쉽다.

내가 만든 편리한 계산기에 '계산박사'라는 별명을 붙였어.

붙이다

이름이 생기게 하다.

난 곱셈왕으로 인증 받았어.

내 상장과 비슷하네.

인증

| 인정하다 | 인 | 認 |
| 증명하다 | 증 | 證 |

어떠한 문서나 행동이 정당한 방법으로 이루어졌다는 것을 증명하다.

비슷하다

두 개의 대상이 똑같지는 않지만 같은 점이 많은 상태에 있다.

01 빈칸에 들어갈 알맞은 어휘를 쓰시오.

웃음이 많은 동생에게 '벙글이'라는 별명을 ☐☐☐.

이름이 생기게 하다.

02 빈칸에 공통으로 들어갈 알맞은 어휘를 쓰시오.

은수: 다리가 불편한 사람들도 도서관을 ☐☐ 하게 이용할 수 있으면 좋겠어.

미소: 그런 사람들이 ☐☐ 하게 이용할 수 있도록 도서관 출입구를 바꿨어.

03 빈칸에 공통으로 들어갈 알맞은 어휘를 골라 ✓표를 하시오.

• 지난주에 본 한자 급수 ☐ 시험에 합격해서 기분이 좋다.

• 이 식품은 나라에서 안전하다고 ☐ 했으므로 안심하고 먹을 수 있다.

☐ 인증   ☐ 주장   ☐ 근거   ☐ 증거

04 다음 표에서 뜻이 비슷하거나 반대되는 어휘를 골라 ○표를 하시오.

1

비슷하다

비슷한 뜻

적합하다 | 유사하다 | 평범하다

2

편리하다

반대의 뜻

편하다 | 불편하다 | 유리하다

05 밑줄 그은 어휘의 뜻을 보기 에서 골라 그 기호를 쓰시오.

> **보기**
>
> **붙이다**
>
> ㉠ 이름이 생기게 하다.
>   예 강아지에게 '예삐'라는 이름을 붙이다.
> ㉡ 불을 일으켜 타게 하다.
>   예 할머니는 장작에 불을 붙이다.
> ㉢ 맞닿아 떨어지지 않게 하다.
>   예 색종이로 만든 꽃을 도화지에 붙이다.

1 아빠가 숯에 불을 붙인다. (   )

2 예쁜 스티커를 휴대 전화에 붙였다. (   )

3 장난감을 모아 둔 상자에 '보물섬'이라는 이름을 붙이다. (   )

06 다음 문장에서 밑줄 그은 부분을 바르게 고쳐 쓰시오.

1 기술이 발달하면서 우리의 생활은 훨씬 펼리해졌다.

     ↳ ☐☐☐☐☐

2 교실에 벌이 날아들자 친구들 모두 무섭다며 날리였다.

     ↳ ☐☐

07 밑줄 그은 한자 성어를 사용한 문장으로 알맞지 <u>않은</u> 것은?   [✎   ]

> 대동소이(大同小異)의 '대동(大同)'은 크게 같다는 뜻이고, '소이(小異)'는 조금 다르다는 뜻이다. 그러므로 이 한자 성어는 '거의 같고 조금 다르다.'나 '비슷하다.'를 뜻한다.

① 나는 친구의 형편을 대동소이해서 친구를 도왔다.

② 옷의 색깔이 대동소이해서 무엇을 입어도 상관없다.

③ 과자들의 맛이 대동소이해서 아무 과자나 먹어도 된다.

④ 오늘 발표한 내용이 지난번과 대동소이해서 실망스럽다.

⑤ 언니와 나는 발 크기가 대동소이해서 신발을 같이 신는다.

08~10 다음 글을 읽고, 물음에 답하시오.

수학 연산

'이일은 이, 이이는 사······.' 우리나라 어린이들은 초등학생이 되면 구구단을 외운다. 구구단을 외우면 곱셈을 쉽게 할 수 있기 때문이다. 그렇다면 옛날 사람들도 구구단을 외웠을까? 옛날에는 신분이 높은 사람들만 구구단을 외웠다. 그들은 구구단이 얼마나 편리한지 백성들에게는 알려 주지 않았고, 구구단을 9단의 맨 끝에 있는 '구구 팔십일.'부터 외웠다. 그래서 '구구단'이라는 이름이 붙었다.

구구단은 2천 년 전부터 중국에서 사용되었고, 이것이 우리나라에도 전해져 신라 시대 사람들이 구구단을 사용하였다. 다른 나라에도 구구단과 비슷한 것들이 있다. 인도에서는 19단까지 배우고, 영국에서는 12단까지 배운다. 영국의 모든 초등학생들은 12단까지 외운 후, 인증 시험까지 본다고 한다.

08 이 글의 핵심 내용을 파악하여 빈칸에 들어갈 알맞은 말을 쓰시오.

{ ' ☐ ☐ ☐ '이라는 이름이 붙은 까닭 }

09 이 글의 내용으로 알맞지 <u>않은</u> 것은? [✎   ]

① 인도에서는 5단까지 배운다.
② 영국에서는 12단까지 배운다.
③ 구구단은 신라 시대에도 사용했다.
④ 구구단은 2천 년 전 중국에서 사용했다.
⑤ 옛날에는 구구단을 신분이 높은 사람들만 외웠다.

10 '구구단'이라는 이름이 붙은 까닭으로 알맞은 것은? [✎   ]

① 9단을 주로 외웠기 때문이다.
② 9단을 두 번 외우기 때문이다.
③ 왕이 지어 준 이름이기 때문이다.
④ 아이들도 부르기 쉬운 이름이기 때문이다.
⑤ 옛날에는 9단의 맨 끝부터 외웠기 때문이다.

사회 사회·문화

11 때가 되면 하는 일

풍속

| 모습 | 풍 風 |
| 관습 | 속 俗 |

옛날부터 그 사회에 전해 오는 생활 습관

의식

| 법도 | 의 儀 |
| 법 | 식 式 |

행사를 치르는 일정한 방식. 또는 정해진 방식에 따라 치르는 행사

추석에 차례를 지내는 것은 우리의 풍속이야.

차례는 의식이 복잡해 보여요.

우리들은 가족 관계를 맺었어.

관계

| 관계하다 | 관 關 |
| 잇다 | 계 係 |

둘 이상의 사람, 사물, 현상 따위가 서로 관련을 맺다.

맺다

관계나 인연 따위를 이루거 나 만들다.

01 빈칸에 들어갈 알맞은 어휘를 쓰시오.

> 달맞이는 우리 고유의 [　][　]으로 달을 보며 소원을 비는 일이다.
> 옛날부터 그 사회에 전해 오는 생활 습관

02 다음 어휘의 뜻으로 알맞은 어휘를 괄호 안에서 골라 ○표를 하시오.

> 관계
>
> 뜻 둘 이상의 사람, 사물, 현상 따위가 (홀로 | 서로) 관련을 (맺다 | 끊다).

03 빈칸에 '맺다'를 쓸 수 없는 문장의 기호를 쓰시오.

> ㉠ 생선 가게와 음식점은 거래 관계를 [　].
>
> ㉡ 성하와 소유는 다툼이 잦아져 결국 관계를 [　].
>
> ㉢ 지율이와 채원이는 초등학교 1학년 때 인연을 [　].
>
> ㉣ 유치원을 같이 다녔던 민규와 지금까지 관계를 [　].

[✎　　]

04 밑줄 그은 말과 뜻이 비슷한 어휘를 골라 ✔표를 하시오.

> 광복절을 기념하기 위해 치르는 행사가 곧 시작된다.

☐ 일　　☐ 의식　　☐ 사건　　☐ 형편

어법+표현 다져요

05 밑줄 그은 어휘의 뜻을 **보기**에서 골라 그 기호를 쓰시오.

보기

의식

㉠ 무엇을 느끼고 판단하는 정신의 기능
  예 상대 선수에게 맞은 선수는 의식을 잃고 쓰러졌다.
㉡ 행사를 치르는 일정한 방식. 또는 정해진 방식에 따라 치르는 행사
  예 옛날에는 왕이 결혼할 때 성대한 의식을 치렀다.

1 한글날을 기념한 의식이 치러졌다. (   )

2 환자의 의식이 돌아왔는지 손가락을 움직인다. (   )

3 의사의 치료를 받은 할머니는 의식을 되찾으셨다. (   )

06 다음 문장의 밑줄 그은 어휘를 바르게 고쳐 쓰시오.

1 첨성대에서 조상들의 지혜를 엿볼 수 있었다.

↳ ☐ ☐

2 경찰은 이번 사건과 관게 있는 사람들을 불러 조사했다.

↳ ☐ ☐

07 밑줄 그은 부분에 쓸 수 있는 말에 ✓표를 하시오.

승아: 이번 탐구 실험을 할 때 민서가 다른 친구들에게 어떻게 해야 하는지 설명해 주고, 자기가 해야 할 역할도 잘 해냈어. 민서는 _____ 것이 정확하고 맡은 일을 잘하는 것 같아.
하린: 맞아. 민서는 자신이 맡은 일은 꼼꼼하게 잘해.

☐ 맺고 끊다

분명하고 빈틈이 없게 일을 처리하다.

☐ 귀가 얇다

남의 말을 쉽게 받아들이다.

☐ 열매를 맺다

노력한 일의 성과가 나타나다.

08~10 다음 글을 읽고, 물음에 답하시오. `사회` `사회·문화`

우리는 설날 아침이 되면 차례 의식을 지낸다. 또한 한복을 입고 어른들께 세배를 드린다. 추석에도 차례를 지내고, 송편을 만들어 먹는다. 이렇게 명절을 맞이해 하는 일과 놀이, 먹는 음식, 입는 옷과 같이 해마다 일정한 시기에 되풀이되는 생활 모습을 세시 풍속이라고 한다.

옛날 사람들은 주로 농사를 지으며 살았기 때문에 세시 풍속은 계절과 깊은 관계를 맺고 있다. 우리 조상들은 음력 1월 15일인 정월 대보름에는 들판에 불을 붙이는 쥐불놀이를 하였고, 음력 5월 5일인 단오에는 씨름을 하고 창포라는 풀을 삶은 물에 머리를 감았다. 또한 12월 23일 경인 동짓날에는 팥죽을 먹었다. 요즈음에는 예전에 비해 농사를 짓는 사람이 줄어 날씨나 계절의 영향을 적게 받으면서 예전에 하던 세시 풍속 중 많은 것이 사라지거나 바뀌었다.

08 이 글의 핵심 내용을 파악하여 빈칸에 들어갈 알맞은 말을 쓰시오.

세시 ☐☐의 뜻과 우리나라의 대표적인 세시 풍속

09 세시 풍속의 특징으로 알맞지 <u>않은</u> 것은? [✎   ]

① 계절과 관계를 맺고 있다.
② 명절에 하는 일과 놀이만을 의미한다.
③ 시기에 따른 다양한 세시 풍속이 있다.
④ 해마다 일정한 시기에 반복되는 생활 모습이다.
⑤ 요즈음에는 옛날에 하던 세시 풍속 중 사라진 것도 있다.

10 우리나라의 전통적인 세시 풍속이 <u>아닌</u> 것은? [✎   ]

① 설날에 입는 한복   ② 추석에 먹는 송편
③ 단오에 하는 씨름   ④ 정월 대보름에 하는 쥐불놀이
⑤ 성탄절에 하는 크리스마스트리 장식

12 과학으로 범인 찾기

타당하다

| 마땅하다 | 타 妥 |
| 마땅하다 | 당 當 |

그렇게 되어야 맞거나 옳다.

추리

| 헤아리다 | 추 推 |
| 다스리다 | 리 理 |

알고 있는 것을 바탕으로 알지 못하는 것을 미루어서 생각하다.

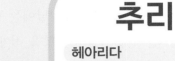

타당한 근거를 바탕으로 네가 내 옷을 입고 나갔다고 추리했지.

정확하게 알고 있구나. 양심에 걸렸지만 꼭 입고 싶었어. 미안해.

정확

| 바르다 | 정 正 |
| 확실하다 | 확 確 |

바르고 확실하다.

양심

| 어질다 | 양 良 |
| 마음 | 심 心 |

자기의 행동에 대하여 옳고 그름을 판단하고 바른 말과 행동을 하려는 마음

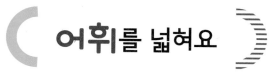

01 빈칸에 들어갈 알맞은 어휘를 쓰시오.

> 은수: 네 입에 묻은 초콜릿을 보니 네가 내 케이크를 먹었다고 ☐ ☐ 할 수 있어.
>
> 선미: 어떻게 알았지? 너에게 말 안 하고 먹어서 미안해.

02 밑줄 그은 어휘와 뜻이 비슷한 어휘를 골라 ✓표를 하시오.

> 비가 많이 내릴 때에 계곡에 가지 말라는 형의 말은 <u>타당하다</u>.

☐ 싫다 ☐ 옳다 ☐ 전달하다 ☐ 긴장하다

03 다음 표에서 뜻이 비슷하거나 반대되는 어휘를 골라 ○표를 하시오.

1

추리하다

비슷한 뜻

추측하다 | 구분하다 | 나타내다

2

정확하다

반대의 뜻

확실하다 | 분명하다 | 부정확하다

04 빈칸에 '양심'을 쓸 수 <u>없는</u> 문장의 기호를 쓰시오.

> ㉠ 엄마에게 거짓말을 했더니 ☐ 에 찔렸다.
>
> ㉡ 나는 ☐ 에 걸려서 도저히 나쁜 일은 못하겠다.
>
> ㉢ 너에게 ☐ 이 있다면 그런 못된 짓은 할 수 없다.
>
> ㉣ 우승하고 싶은 ☐ 에 아픈 것도 잊고 축구 대회에 나갔다.

05 밑줄 그은 어휘의 알맞은 발음을 괄호 안에서 골라 ○표를 하시오.

1 이야기를 듣고 보니 네 말이 <u>옳다</u>.
↳ [온다 | 올타]

2 민지의 말이 <u>옳으니</u> 이번 일은 민지의 뜻대로 하자.
↳ [오르니 | 올흐니]

3 두 사람의 말을 듣고 누가 <u>옳고</u> 그른지 따지기로 하자.
↳ [올꼬 | 올코]

06 보기 를 보고, 빈칸에 알맞은 어휘를 쓰시오.

보기

알다 + -지 못하다 ➡ 알지 못하다

어휘에 '-지 못하다'가 붙으면 앞의 말이 나타내는 행동을 할 능력이 없거나 뜻대로 되지 않음을 나타낸다.

1 풀다 + -지 못하다 ➡ ⌞_____⌟
↳ 모르거나 복잡한 문제 따위를 알아내거나 해결할 능력이 없다.

2 놀다 + -지 못하다 ➡ ⌞_____⌟
↳ 놀이나 재미있는 일을 하며 즐겁게 지내지 못하다.

07 밑줄 그은 부분에 들어갈 속담으로 알맞은 것은? [✎]

사람의 양심과 관련된 속담으로 "_____"가 있다. '지은 죄가 있으면 자연히 마음이 조마조마하여짐을 비유적으로 이르는 말'로, 잘못을 저지르면 다른 사람이 알지 못해도 스스로 양심에 걸리게 된다는 뜻을 지닌 속담이다.

① 겉 다르고 속 다르다
② 도둑에게 열쇠 준다
③ 도둑이 제 발 저리다
④ 사촌이 땅을 사면 배가 아프다
⑤ 하늘은 스스로 돕는 자를 돕는다

08~10 다음 글을 읽고, 물음에 답하시오. 　　　　　　　　　　과학 기술

　　세상이 발전하면서 다양한 범죄들이 늘어나고 있다. 범인을 잡기 위해 범인의 집 근처에 숨어 있거나 주변 사람들에게 범인에 대해 물어보는 등의 일반적인 방법만으로는 범인을 잡기 어려워진 것이다. 요즈음에는 과학을 활용해 증거를 찾아내고 범인을 추리하는 과학 수사가 점점 더 중요해지고 있다.

　　우리나라의 국립 과학 수사 연구원은 과학 수사를 하는 기관이다. 과학 수사에는 특별한 도구가 사용된다. 거짓말 탐지기는 양심에 따라 진실을 말하는지 그렇지 않은지 판단하는 데 사용되고, 디엔에이(DNA) 판독기는 사람마다 다른 유전자를 알아내는 데 사용된다. 지문 인식기는 범죄 현장에 남은 지문을 이용해 범죄자를 찾아낼 때 사용된다. 이처럼 과학을 이용하여 정확한 결과를 얻고, 그 결과를 바탕으로 타당한 추리를 하여 범인을 잡는다.

08 이 글의 핵심 내용을 파악하여 빈칸에 들어갈 알맞은 말을 쓰시오.

　　　　과학을 활용해 범인을 추리하는 ☐☐☐☐

09 국립 과학 수사 연구원이 하는 일로 알맞은 것은?　　　　[　✎　]

① 여러 가지 병의 치료법을 개발한다.
② 유전자를 활용하여 새로운 생물을 만든다.
③ 과학을 활용해 증거를 찾아내고 범인을 추리한다.
④ 범인이 감옥에서 얼마나 있어야 하는지 판단한다.
⑤ 휴대 전화에서 지문을 인식하는 기술을 개발한다.

10 다음과 같은 과학 수사 도구가 어떤 역할을 하는지 바르게 선으로 이으시오.

1	지문 인식기	•	• ㉠	진실을 말하는지 판단한다.
2	디엔에이 판독기	•	• ㉡	유전자를 알아내는 데 사용한다.
3	거짓말 탐지기	•	• ㉢	지문을 알아내는 데 사용한다.

사회 경제

13 돈이 생긴 까닭

화폐

| 재물 | 화 | 貨 |
| 재물 | 폐 | 幣 |

물건을 사거나 팔거나 할 때 쓰는 것. 동전이나 지폐 따위

교환

| 주고받다 | 교 | 交 |
| 바꾸다 | 환 | 換 |

서로 바꾸다.

우리나라 화폐를 미국의 화폐로 교환해 주세요.

북적

북적

간단하게 돈을 찾을 수 있네.

북적거리다

많은 사람이 한곳에 모여 매우 떠들어 대며 자꾸 움직이다.

간단하다

| 간략하다 | 간 | 簡 |
| 복잡하지 않다 | 단 | 單 |

단순하고 손쉽다.

56

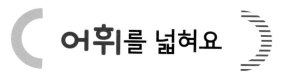

01 빈칸에 공통으로 들어갈 알맞은 어휘를 쓰시오.

> 우리는 물건을 살 때나 물건을 팔 때 ☐☐ 를 쓴다. 우리가 사용하는 백 원짜리
>
> 동전, 천 원짜리 지폐와 같은 것들을 모두 통틀어 ☐☐ 라고 부른다.

02 밑줄 그은 어휘와 뜻이 비슷한 어휘를 골라 ○표를 하시오.

> 공연장 앞은 가수의 공연을 보러 온 사람들로 <u>북적거렸다.</u>
>
> ↳ 붐볐다 | 바빴다 | 섞였다

03 밑줄 그은 어휘와 뜻이 비슷한 어휘를 골라 ✓표를 하시오.

> 이 컴퓨터를 이용하는 방법은 아주 <u>간단하다.</u>

☐ 귀찮다　　☐ 어렵다　　☐ 단순하다　　☐ 복잡하다

04 빈칸에 '교환하다'를 쓸 수 <u>없는</u> 문장의 기호를 쓰시오.

> ㉠ 아픈 준호가 빠지고 민재가 그 자리를 ☐ .
>
> ㉡ 지오가 가져온 귤과 내가 가져온 사과를 ☐ .
>
> ㉢ 화폐가 없었을 때 사람들은 물건과 물건을 ☐ .
>
> ㉣ 어제 산 신발이 작아서 가게에 다시 가서 큰 신발로 ☐ .

[✏]

05 보기를 보고 빈칸에 알맞은 어휘를 쓰시오.

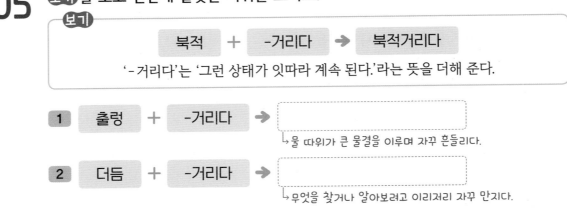

보기

북적 ＋ -거리다 ➡ 북적거리다

'-거리다'는 '그런 상태가 잇따라 계속 된다.'라는 뜻을 더해 준다.

1 출렁 ＋ -거리다 ➡ ⌐⌐⌐⌐⌐⌐⌐⌐⌐⌐⌐⌐⌐⌐⌐

↳ 물 따위가 큰 물결을 이루며 자꾸 흔들리다.

2 더듬 ＋ -거리다 ➡ ⌐⌐⌐⌐⌐⌐⌐⌐⌐⌐⌐⌐⌐⌐⌐

↳ 무엇을 찾거나 알아보려고 이리저리 자꾸 만지다.

06 밑줄 그은 말의 뜻으로 알맞은 것에 ✓표를 하시오.

- 나는 혼자 그 일을 하기 어려워, 바꿔 말하면 너의 도움이 필요해.
- 나는 숙제를 아직 못했다. 바꿔 말하면 오늘은 종일 숙제를 해야 한다는 것이다.

☐ 말로 표현할 수 없다.
☐ 먼저 한 말을 다른 말로 하다.
☐ 당연한 일이라 일부러 말할 필요도 없다.

07 밑줄 그은 말의 뜻으로 알맞은 것은? [✎   ]

친구들과 영화를 보러 극장에 갔다. 주말이라서 그런지 사람들이 가득해서 영화관 안은 발 디딜 틈이 없었다. 사람이 너무 많아서 정신이 없었지만, 재미 있는 영화를 봐서 즐거웠다.

① 사람들이 갑자기 조용해졌다.
② 사람들이 예의를 지키지 않았다.
③ 아는 사람들이 많이 모여 있었다.
④ 많은 사람들이 뒤섞여 어수선했다.
⑤ 물건들이 여기저기에 가득 놓여 있었다.

08~10 다음 글을 읽고, 물음에 답하시오.

`사회` `경제`

돈이 없던 옛날에 사람들은 어떻게 필요한 물건을 구했을까? 옛날 사람들은 자신이 가진 물건들과 다른 사람이 가진 물건을 교환하여 필요한 물건을 얻었다. 사람들로 북적거리는 시장이 생긴 것도 이때의 일이다. 하지만 사람마다 서로 필요한 물건이 달라서 물건을 찾아 바꾸기 어려웠다. 또 물건 하나와 다른 물건 하나를 간단하게 교환하기에는 두 물건의 가치가 달라서 사람들 사이에 다툼이 일어났다.

그래서 사람들은 ㉠조개껍데기, 소금, 옷감과 같은 물건을 화폐로 정하고 이 물건으로 다른 물건들의 값어치를 매기기 시작했다. 그리고 화폐로 정한 물건을 주고 원하는 물건을 얻었다. 하지만 이런 물건들은 오랜 시간이 지나면 못 쓰게 되어 불편했다. 그래서 사람들은 오래 보관할 수 있는 쇠붙이로 화폐를 만들었고, 이후에 가벼운 종이로 화폐를 만들었다.

08 이 글의 핵심 내용을 파악하여 빈칸에 들어갈 알맞은 말을 쓰시오.

{ ☐☐가 생긴 이유 }

09 화폐가 생긴 이유로 알맞은 것은? [✎]

① 물건들이 가치가 모두 같아서
② 사람들이 필요한 물건이 똑같아서
③ 시장에서는 화폐만 사용할 수 있어서
④ 물건과 물건을 교환할 때 어려움이 있어서
⑤ 강한 사람이 약한 사람의 물건을 빼앗아서

10 ㉠을 화폐로 쓰지 못하게 된 이유로 알맞은 것은? [✎]

① 너무 무거워서
② 쉽게 잃어버려서
③ 시장에서 받아 주지 않아서
④ 사용하지 않는 사람들이 많아서
⑤ 오랜 시간이 지나면 못 쓰게 되어서

과학 지구

14 소중한 흙

활용

| 이용하다 | 활 活 |
| 쓰다 | 용 用 |

충분히 잘 이용하다.

흙을 활용해서 그릇을 만들어 음식을 담았어.

담다

어떤 물건을 그릇 따위에 넣다.

축! 축구 동아리 탄생

우리 동아리에 관한 정보를 제공할게.

탄생

| 태어나다 | 탄 誕 |
| 나다 | 생 生 |

조직, 단체, 사업체 따위가 새로 생기다.

제공

| 끌다 | 제 提 |
| 바치다 | 공 供 |

무엇을 내주거나 갖다 바치다.

정답과 해설 19쪽

01 빈칸에 들어갈 알맞은 어휘를 쓰시오.

1 그림과 사진을 [ ][ ] 하여 발표를 하였다.

<u>충분히 잘 이용하다.</u>

2 연극이 인기를 얻자 연극만 하는 극장이 [ ][ ] 하였다.

<u>조직, 단체, 사업체 따위가 새로 생기다.</u>

02 밑줄 그은 어휘와 뜻이 비슷한 어휘를 골라 ✓표를 하시오.

비어 있는 공간을 도서실로 <u>활용하다.</u>

☐ 맺다　　☐ 옮기다　　☐ 생각하다　　☐ 이용하다

03 다음 표에서 뜻이 비슷하거나 반대되는 어휘를 골라 ○표를 하시오.

1
제공하다

비슷한 뜻

내주다 ｜ 붙이다 ｜ 드러내다

2
담다

반대의 뜻

펴다 ｜ 푸다 ｜ 접다

04 '생(生)' 자가 들어간 **보기**의 어휘 중 빈칸에 알맞은 어휘를 골라 쓰시오.

보기

생일(나다 生, 날 日)　　　생산지(나다 生, 낳다 産, 땅 地)

1 이곳은 우리나라에서 가장 큰 사과 [ ]이다.

<u>어떤 물품을 만들어 내는 곳</u>

2 오늘은 내 [ ]이라서 친구들을 초대해서 잔치를 했다.

<u>세상에 태어난 날. 또는 태어난 날을 기념하는 해마다의 그날</u>

어법+표현 다져요

05 보기를 보고, 괄호 안에서 알맞은 어휘를 골라 ◯표를 하시오.

> **보기**
>
> **바치다**   신이나 웃어른에게 정중하게 드리다.
>   예 백성들이 귀중한 물건을 왕에게 바치다.
>
> **받치다**   물건의 밑이나 옆 따위에 다른 물체를 대다.
>   예 음료수를 쟁반에 받치다.

1 의자가 높아서 발판을 (바치고 | 받치고) 앉았다.

2 돌아가신 할아버지의 무덤에 꽃을 (바치다 | 받치다).

06 보기를 보고, 밑줄 그은 부분에서 띄어 써야 할 곳에 ∨표를 넣어 띄어 쓰시오.

> **보기**
>
> **따위**   예 물건을∨그릇∨따위에∨넣다.
>   └ 앞에 나온 것과 같은 종류의 것들이 더 있음을 나타내는 말
>
> **등**   예 엄마는∨고등어,∨미역국,∨쇠고기∨등을∨준비했다.
>   └ 그 밖에도 같은 종류의 것이
>   더 있음을 나타내는 말
>
> ➡ '따위'나 '등'은 앞의 말과 띄어 쓴다.

1 시장에는 <u>갈치따위의</u> 생선을 팔고 있었다. ➡ _____

2 초등학교에서는 국어, 수학, <u>과학등을</u> 공부한다. ➡ _____

07 밑줄 그은 말과 그 뜻을 선으로 바르게 이으시오.

1   그 화가는 평생 자연 풍경을 그리는 일에 <u>몸을 담았다.</u>   •

  • ㉠   무엇에 대해 말하다.

2   친구가 <u>입에 담지</u> 못할 나쁜 말을 해서 화를 냈다.   •

  • ㉡   어떤 직업이나 분야의 일을 하다.

08~10 다음 글을 읽고, 물음에 답하시오.

과학 지구

우리는 산이나 공원 등에서 흔하게 흙을 볼 수 있다. 흙은 오랜 시간에 걸쳐 바위나 돌이 작게 부서진 알갱이와, 생물이 썩어 생긴 물질이 섞여서 만들어진다. 흙은 우리에게 많은 것을 제공한다. 식물이나 곤충을 비롯한 많은 생물들은 흙 속의 영양분을 바탕으로 살아가고 있다. 사람들도 흙으로 이루어진 땅에서 곡식과 채소를 키워 먹으며 살아가고 있다.

생물에게 필요한 영양분과 식량을 주는 것 외에도 흙은 그릇이 되기도 한다. 우리 조상들은 흙으로 그릇을 만들어 음식을 담는 용도로 활용했다. 그릇을 만드는 기술이 발달하면서 그릇에 무늬를 넣고 불에 구워 아름답게 표현하기도 했다. 이것들은 매우 아름다워 훌륭한 예술 작품이 되었다. 우리나라를 대표하는 청자나 백자는 흙에서 탄생한 것이다.

08 이 글의 핵심 내용을 파악하여 빈칸에 공통으로 들어갈 알맞은 말을 쓰시오.

{ ☐의 다양한 역할 }

09 흙이 만들어진 과정으로 알맞은 것은? [✎]

① 바닷물을 말려 만들었다.
② 지구상에 원래부터 있었다.
③ 몇몇 과학자들이 발명했다.
④ 하늘에서 내린 비가 모여 만들어졌다.
⑤ 바위나 돌이 잘게 부서져 만들어졌다.

10 흙의 이로운 점으로 알맞지 <u>않은</u> 것은? [✎]

① 생물에게 영양분을 준다.
② 사람들이 음식을 익혀 먹을 수 있게 해 준다.
③ 사람들이 땅에서 곡식이나 채소를 키울 수 있게 해 준다.
④ 사람들이 음식을 담아 먹는 그릇을 만들 수 있게 해 준다.
⑤ 청자나 백자 같은 아름다운 작품을 만들 수 있게 해 준다.

사회 사회·문화

빠르게 달리는 고속 열차

개통

열다	개 開
통하다	통 通

길, 다리, 철로, 전화 따위를 완성하거나 이어 통하게 하다.

수송

나르다	수 輸
보내다	송 送

기차나 자동차, 배, 항공기 따위로 사람이나 물건을 실어 옮기다.

사람이나 물건을 수송하는 일은 내가 나서서 해결하지.

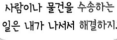

축 개통

세계에서 최고 높이의 산은 무엇일까?

정답은 에베레스트산.

해결

풀다	해 解
결정하다	결 決

문제를 풀거나 얽힌 일을 잘 처리하다.

최고

가장	최 最
높다	고 高

가장 높다.

어휘를 넓혀요

정답과 해설 20쪽

01 빈칸에 공통으로 들어갈 알맞은 어휘를 쓰시오.

- 이 건물은 우리나라에서 [　][　]로 높다.
- 교내 노래 대회에서 시호가 [　][　] 점수를 받아서 우승했다.

02 다음 어휘의 뜻으로 알맞은 어휘를 괄호 안에서 골라 ○표를 하시오.

> 개통
>
> 뜻 길, 다리, 철로, 전화 따위를 (정하거나 | 완성하거나) 이어 (통하게 | 넘치게) 하다.

03 밑줄 그은 어휘와 뜻이 비슷한 어휘를 골라 ○표를 하시오.

1 어려운 문제를 <u>해결하기</u> 위해서는 지혜가 필요하다.

> 풀기 | 늘기 | 줄기 | 얻기

2 그들은 환자를 병원으로 <u>수송하기</u> 위해 구급차를 불렀다.

> 옮기기 | 올리기 | 내리기 | 알리기

04 '통(通)' 자가 들어간 보기의 어휘 중 빈칸에 알맞은 어휘를 골라 쓰시오.

> 보기
>
> 통로(통하다 通, 길 路)　　통화(통하다 通, 말하다 話)

1 친구와 전화하던 중에 [　　　]가 끊겼다.
전화로 말을 주고받다.

2 주차장으로 들어가는 [　　　]에 자동차가 많다.
통하여 다니는 길

05 보기를 보고, 괄호 안에서 알맞은 어휘를 골라 ○표를 하시오.

> **보기**
>
> **싣다**
>
> • 우리가 할 일은 짐을 싣는 것이었다.
> • 자동차로 무거운 짐을 실어 옮기면 편리하다
> • 말 등 위에 짐을 실으니 말이 잘 움직이지 않았다.
> ➡ '싣다'는 '실어', '실으니'와 같이 쓰일 때 받침 'ㄷ'이 'ㄹ'로 변한다.

1 이 짐을 저 배에 모두 〔 싣는 / 실는 〕 것은 어려운 일이다.

2 서울로 가는 기차에 몸을 〔 싣으니 / 실으니 〕 잠이 쏟아졌다.

06 다음 문장의 밑줄 그은 어휘를 바르게 고쳐 쓰시오.

1 무거운 짐을 들어 옮기다.

2 엄마는 얼킨 실을 풀고 계셨다.

07 밑줄 그은 속담의 뜻으로 알맞은 것은?

> 수지: 어제 실수로 오빠의 책에 물을 쏟았어. 오빠에게 어떻게 말하지?
> 유미: 말 한마디에 천 냥 빚도 갚는다고 하잖아. 오빠에게 잘 말하면 이해해 줄 거야.

① 믿었던 사람에게 배신을 당한다.
② 말만 잘하면 어려운 일도 해결할 수 있다.
③ 불가능한 일에 대해서는 처음부터 욕심을 내지 않는 것이 좋다.
④ 해 줄 사람은 생각도 않는데 일이 다 된 것처럼 여기고 기대한다.
⑤ 지식이 뛰어나고 훌륭한 사람일수록 남 앞에서 자기를 내세우려 하지 않는다.

08~10 다음 글을 읽고, 물음에 답하시오.

우리나라에서 가장 빠른 기차는 무엇일까? 케이티엑스(KTX)는 한 시간에 최고 300킬로미터를 달릴 수 있는 고속 열차로 2004년 4월에 1일에 개통되었다. 케이티엑스의 앞부분과 뒷부분은 상어의 모양을 닮았는데 이러한 모양은 공기로부터 받는 저항을 줄여 더 빨리 달릴 수 있게 해 준다. 케이티엑스가 생기기 전에는 서울에서 부산까지 기차로 5시간이 걸렸지만 케이티엑스를 이용하면 3시간 안에 갈 수 있다. 케이티엑스가 생기면서 전국 어디든지 반나절 안에 다닐 수 있게 된 것이다.

케이티엑스는 전기를 이용하기 때문에 연기가 나오지 않아 대기 오염 문제를 해결하는 데도 도움이 된다. 또한 케이티엑스를 이용해 여러 지역에 물건을 빠르고 편리하게 수송할 수 있게 되어 우리나라의 산업도 발전할 수 있게 되었다.

08 이 글의 핵심 내용을 파악하여 빈칸에 들어갈 알맞은 말을 쓰시오.

{ 우리나라에 개통된 □□·□□ 케이티엑스 }

09 케이티엑스에 대한 설명으로 알맞지 <u>않은</u> 것은? [✎   ]

① 연기가 나오지 않는다.
② 전기를 이용하여 달린다.
③ 매우 빠른 속도로 달린다.
④ 우리나라에서 가장 빠른 기차이다.
⑤ 앞부분과 뒷부분이 호랑이의 모습을 닮았다.

10 케이티엑스로 인한 변화를 바르게 말한 사람의 이름을 쓰시오.

정서: 교통사고가 생기지 않게 되었어.
은정: 전국을 반나절 안에 이동할 수 있게 되었어.
현호: 지하철이 사라지고 기차가 발달하게 되었어.
선민: 해외의 여러 지역에 물건을 실어 나를 수 있게 되었어.

[✎   ]

과학　생물

이런 점이 달라요

특성

특별하다	특	特
성질	성	性

일정한 사물에만 있는 특별히 다른 성질

구별

나누다	구	區
다르다	별	別

성질이나 종류에 따라 갈라 놓다.

소금은 짜고 설탕은 달다는 특성이 있으니 구별하기 쉬워.

소금　　　설탕

화려한 나비들이 낮에 활동하네.

화려하다

빛나다	화	華
곱다	려	麗

환하게 빛나며 곱고 아름답다.

활동

살다	활	活
움직이다	동	動

동물이나 식물이 현재의 상태를 유지하기 위하여 행동을 활발히 하다.

01 빈칸에 들어갈 알맞은 어휘에 ✓표를 하시오.

> 이 도자기는 다양한 꽃과 나비로 장식되어 있어 매우 [   ].

☐ 순수하다   ☐ 간단하다   ☐ 화려하다   ☐ 나타나다

02 밑줄 그은 어휘와 뜻이 비슷한 어휘를 골라 ○표를 하시오.

1 부엉이나 너구리는 주로 밤에 <u>활동하는</u> 동물들이다.

↳ 자는 | 움직이는 | 살아나는

2 동화에 나오는 사람을 착한 사람과 나쁜 사람으로 <u>구별하다</u>.

↳ 보다 | 지키다 | 나누다

03 빈칸에 '특성'을 쓸 수 <u>없는</u> 문장의 기호를 쓰시오.

> ㉠ 지유는 다리를 떠는 [   ]이 있다.
>
> ㉡ 식물의 [   ]에 맞게 온도를 맞춰 주어야 한다.
>
> ㉢ 선인장은 물이 부족해도 잘 견디는 [   ]이 있다.
>
> ㉣ 사육사는 각각의 동물의 [   ]에 맞게 훈련을 시켰다.

[✎   ]

04 '동(動)' 자가 들어간 보기의 어휘 중 빈칸에 알맞은 어휘를 골라 쓰시오.

> **보기**
>
> 동작(움직이다 動, 행동하다 作)   동물(움직이다 動, 만물 物)

1 선생님의 [   ]을 따라 하며 체조를 하였다.

몸이나 손발 따위를 움직임. 또는 그런 모양

2 민지는 [   ]을 좋아해서 수의사가 되기로 마음먹었다.

기어다니거나 날아다니는 짐승, 물고기 따위를 통틀어 이르는 말

어법+표현 다져요

05 보기를 보고, 밑줄 그은 어휘의 알맞은 발음을 괄호 안에서 골라 ○표를 하시오.

> **보기**
>
> 활동(活動)의 발음 ➜ [활똥]
>
> 한자로 이루어진 말에서, 'ㄹ' 받침 뒤에 오는 'ㄷ'은 'ㄸ'으로 소리 난다.

1 언니와 대화를 통해 <u>갈등</u>을 풀었다.
↳ [갈뚱 | 갈등]

2 개는 코가 <u>발달</u>하여 냄새를 잘 맡는다.
↳ [발달 | 발딸]

06 다음 어휘와 어휘의 뜻을 선으로 바르게 이으시오.

1 특유 (特 특별하다　有 있다) ·

2 특징 (特 특별하다　徵 현상) ·

3 특별 (特 특별하다　別 다르다) ·

· ㉠ 보통과 구별되게 다르다.

· ㉡ 다른 것에 비하여 특별히 눈에 뜨이는 점

· ㉢ 일정한 사물만이 갖추고 있다.

07 밑줄 그은 말의 뜻으로 알맞은 것에 ✓표를 하시오.

> 서연: 저것 봐! 아무것도 없던 나뭇가지에 초록색 잎들이 돋아나고 있어.
> 지수: 봄이 되니 나무들도 <u>기지개를 켜는구나.</u>

☐ 서서히 활동하는 상태에 들다.
☐ 전혀 활동하거나 일하지 않다.
☐ 몸을 움직일 수 없는 형편이 되다.

70

08~10 다음 글을 읽고, 물음에 답하시오.   과학 생물

봄에 꽃 위를 날아다니는 나비는 아름답지만 창틀에 붙어 있는 나방이 예쁘다고 느끼는 사람은 많지 않을 것이다. 그렇지만 나비와 나방은 같은 종류의 곤충이다. 둘은 이름도 비슷하지만 생김새도 비슷하다. 나비와 나방을 구별하기 위해서는 활동 시간, 더듬이 모양, 앉을 때의 날개 모양, 날개의 색깔 등을 살펴보아야 한다.

나비는 주로 낮에 활동하지만 나방은 주로 밤에 활동한다. 밤에 활동하는 나방은 나비와 달리 불빛에 모여드는 특성이 뚜렷하게 나타난다. 나비의 더듬이는 주로 끝이 뭉툭한 곤봉 모양이지만 나방의 더듬이는 주로 깃털처럼 털이 나 있고 갈라져 있다. 나비는 앉을 때 날개를 접고 앉지만 나방은 대체로 날개를 펼치고 앉는다. 또한 나비는 보통 날개의 색깔이 밝고 화려하지만 나방의 날개의 색깔은 회색이나 검은색, 갈색이 많다.

08 이 글의 핵심 내용을 파악하여 빈칸에 들어갈 알맞은 말을 쓰시오.

{ ☐☐ 와 ☐☐ 을 구별하기 위해 살펴볼 점 }

09 나비와 나방을 구별하기 위해 살펴볼 점으로 알맞지 <u>않은</u> 것은?   [✎   ]

① 활동 시간
② 날개의 색깔
③ 날개의 크기
④ 더듬이의 모양
⑤ 앉을 때의 날개 모양

10 나비에 대한 설명으로 알맞은 것은?   [✎   ]

① 주로 밤에 활동한다.
② 날개의 색깔이 밝고 화려하다.
③ 앉을 때 날개를 펼치고 앉는다.
④ 주로 더듬이에 깃털처럼 털이 나 있다.
⑤ 불빛에 모여드는 특성이 뚜렷하게 나타난다.

국어 읽기

17 핵심만 쏙쏙

떠올리다

기억을 되살려 내거나 생각이 나게 하다.

좋은 생각이야!

요약

중요하다	요 要
묶다	약 約

말이나 글의 중심이 되는 사실을 잡아서 간략하게 정리하다.

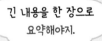

긴 내용을 한 장으로 요약해야지.

전달

전달

전하다	전 傳
이르다	달 達

지시, 명령, 물품 따위를 다른 사람이나 기관에 전하여 이르게 하다.

전달 받은 약을 먹었더니 배가 아프지 않네. 약이 효과가 있어.

효과

나타내다	효 效
결과	과 果

어떤 목적을 지닌 행동에 의해 드러나는 보람이나 좋은 결과

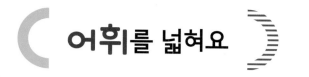

어휘를 넓혀요

정답과 해설 22쪽

01 빈칸에 공통으로 들어갈 알맞은 어휘를 골라 ✔표를 하시오.

> • 주문 받은 물건을 주인에게 [   ]하였다.
>
> • 상품을 엄마한테 [   ]했다는 문자 메시지를 받았다.

☐ 요약   ☐ 전달   ☐ 정리   ☐ 해결

02 밑줄 그은 어휘와 뜻이 비슷한 어휘를 골라 ○표를 하시오.

> 이 글에서 글쓴이가 주장하는 내용은 두 가지로 요약할 수 있다.
> ↳ 간추릴 | 분리할 | 생각할

03 밑줄 그은 어휘의 뜻으로 알맞은 어휘를 괄호 안에서 골라 ○표를 하시오.

1 그는 사진을 보며 행복했던 어린 시절을 떠올렸다.
→ 뜻 (기억 | 생명)을 되살려 내거나 생각이 나게 하다.

2 감기에 걸려서 약을 먹었더니 효과가 나타났다.
→ 뜻 어떤 목적을 지닌 행동에 의해 드러나는 보람이나 (나쁜 | 좋은) 결과

04 '요(要)' 자가 들어간 보기의 어휘 중 빈칸에 알맞은 어휘를 골라 쓰시오.

> **보기**
> 요점(중요하다 要, 점 點)   요청(중요하다 要, 청하다 請)

1 언니가 책을 읽고 [   ]만 정리해 주었다.
　　　가장 중요하고 중심이 되는 사실이나 관점

2 길을 잃어서 지나가는 사람에게 도움을 [   ]했다.
　　　　필요한 일을 해 달라고 부탁하다.

어법+표현 다져요

05 보기와 같은 관계의 어휘들이 <u>아닌</u> 것은? [✎]

> **보기**
>
> 간략하다 ←→ 복잡하다
>
> 반대의 뜻

① 젊다 - 늙다　　　　　　　② 많다 - 적다
③ 자다 - 깨다　　　　　　　④ 나오다 - 들어가다
⑤ 주의하다 - 조심하다

06 밑줄 그은 부분에 들어갈 말로 알맞은 것에 ✓표를 하시오.

> 정수: 윤수야, 혼자 청소하느라 힘들지? 내가 도와줄게.
> 윤수: 형, 정말 고마워. 이전에 내 잘못때문에 형이 화가 많이 난 것 같아서 형의 도움을 받
> 　　　을 것이라고는 ＿＿＿＿＿＿＿＿＿＿＿＿＿＿＿.

　☐ 입에 담다　　　　　☐ 꿈에도 생각지 못하다　　　☐ 날개를 펴다

　무엇에 대해 말하다.　　전혀 생각하지 못하다.　　　생각, 감정 따위를 힘차
　　　　　　　　　　　　　　　　　　　　　　　게 펼치다.

07 밑줄 그은 속담의 뜻으로 알맞은 것에 ✓표를 하시오.

> 건우: 지금 친구 스무 명과 함께 먹을 카레를 끓이려고 해. 카레 가루를 작은 숟가락으로
> 　　　한 숟가락만 넣으면 될까?
> 수빈: 그 정도 양으로는 <u>한강에 돌 던지기</u>야. 스무 명이 먹을 카레라면 카레 가루를 꽤
> 　　　많이 넣어야 해.

☐ 말이 거침없이 술술 나오다.
☐ 일의 상황이 끝나 어떠한 대책을 세울 수 없다.
☐ 어떤 사물이 지나치게 보잘것없어서 일을 하는 데에 효과나 영향이 전혀 없다.

08~10 다음 글을 읽고, 물음에 답하시오.　　　**국어 읽기**

　글을 읽은 후 중심 내용을 찾아 간추려서 정리하는 것을 요약이라고 한다. 요약을 하면 어떤 효과가 있을까? 먼저 자신이 읽은 글의 중심 내용을 쉽게 파악할 수 있고 다른 사람에게 글의 중심 내용을 전달하는 데에도 도움이 된다. 또한 글의 내용을 오래 기억할 수 있어 시간이 지난 뒤에 내용을 떠올리는 데 도움이 된다.

　요약할 때는 글의 종류에 따라 다른 방법을 사용하는 것이 좋다. 이야기가 있는 글이라면 인물이 한 일을 파악해 줄거리를 중심으로 요약한다. 설명하는 글이라면 글에서 무엇을 설명하는지 찾아 요약한다. 주장하는 글이라면 글쓴이의 주장과 그렇게 주장한 까닭을 중심으로 요약한다.

08 이 글의 핵심 내용을 파악하여 빈칸에 들어갈 알맞은 말을 쓰시오.

{ 　　□□ 의 효과와 방법　　 }

09 요약에 대한 설명으로 알맞지 <u>않은</u> 것은?　　[✎　　]

① 글의 중심 내용을 파악하는 데 도움이 된다.
② 글의 중요한 내용을 간추려 정리하는 것이다.
③ 글의 중심 내용을 오래 기억하는 데 도움이 된다.
④ 책을 다 읽지 않아도 책의 내용을 알 수 있는 방법이다.
⑤ 다른 사람에게 글의 중심 내용을 전달하는 데 도움이 된다.

10 이 글의 내용을 바탕으로 글의 종류와 요약 방법을 바르게 선으로 이으시오.

글의 종류		요약 방법
1 이야기 ●	● ㉠	줄거리를 중심으로 요약한다.
2 설명하는 글 ●	● ㉡	주장과 그렇게 주장한 까닭을 찾아 요약한다.
3 주장하는 글 ●	● ㉢	설명하는 대상을 찾아 요약한다.

수학 수

18 다양한 수

부분

나누다	부 部
나누다	분 分

전체를 이루는 작은 범위. 또는 전체를 몇 개로 나눈 것의 하나

피자 1판: 20.000원
피자 2조각: 6.000원

밀접

가깝다	밀 密
잇다	접 接

아주 가깝게 맞닿아 있다. 또는 그런 관계에 있다.

숫자는 우리의 생활과 밀접한 관계가 있구나.

여름에는 부채가 꼭 필요해.

분명

나누다	분 分
밝다	명 明

어떤 사실이 틀림이 없이 확실하다.

정말 덥다. 여름이 된 것이 분명해.

필요

반드시	필 必
중요하다	요 要

꼭 쓰이는 바가 있다. 없어서는 안 된다.

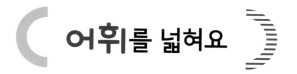

01 빈칸에 공통으로 들어갈 알맞은 어휘를 쓰시오.

- 엄마가 사과의 썩은 ☐☐ 을 잘라 냈다.
- 현수는 이야기를 세 ☐☐ 으로 나누어 간략하게 정리했다.

02 밑줄 그은 어휘와 뜻이 비슷한 어휘를 골라 ✓표를 하시오.

개미와 진딧물은 서로 도움을 주고받는 <u>밀접한</u> 관계이다.

☐ 조용한   ☐ 발달한   ☐ 한적한   ☐ 가까운

03 빈칸에 들어갈 알맞은 어휘를 보기 에서 골라 쓰시오.

보기

분명하다   필요하다   밀접하다

1 더운 여름에는 에어컨이 꼭 ☐☐☐ .

2 각 지역의 문제는 지역 주민의 생활과 매우 ☐☐☐ .

3 아침에 낀 먹구름을 보니 오후에 비가 올 것이 ☐☐☐ .

04 '부(部)' 자가 들어간 보기 의 어휘 중 빈칸에 알맞은 어휘를 골라 쓰시오.

보기

전부(온전하다 全, 나누다 部)   부품(나누다 部, 물건 品)

1 지진이 일어나서 도시의 건물이 ☐☐☐ 무너졌다.
  어느 한 부분이 아니라 전체가 다

2 움직이지 않는 장난감 자동차의 ☐☐☐ 을 바꾸니 다시 움직였다.
  기계 따위의 어떤 부분에 쓰는 물품

05 보기와 같은 관계의 어휘끼리 묶은 것은? [✎   ]

> **보기**
>
> | 부분 | : | 전체 |
> |---|---|---|
> | 손 | : | 팔 |
>
> 손은 팔을 이루는 일부분이다. 그래서 '손'과 '팔'은 의미상 '부분과 전체'의 관계이다.

① 밥 : 진지   ② 있다 : 없다   ③ 남자 : 여자

④ 더위 : 추위   ⑤ 바퀴 : 자전거

06 밑줄 그은 속담의 뜻으로 알맞은 것에 ✓표를 하시오.

> 학원을 마치고 집에 갔는데 너무 배가 고팠다. 오빠에게 맛있는 것을 해 달라고 부탁했지만 오빠는 바쁜지 대답이 없었다. 결국 목마른 사람이 우물 판다고 내가 직접 냉장고에서 음식을 찾아 먹었다.

☐ 원인이 없으면 결과도 없다.

☐ 아무도 안 듣는 데서도 말조심을 해야 한다.

☐ 제일 급하고 필요한 사람이 그 일을 서둘러 하게 되어 있다.

07 다음 한자 성어를 사용하여 쓴 문장으로 알맞지 <u>않은</u> 것은? [✎   ]

> **명약관화**   명(明) 밝다 약(若) 같다 관(觀) 보다 화(火) 불
>
> '불을 보는 것 같이 밝게 보인다.'는 뜻으로 더 말할 것 없이 뚜렷한 상황, 불을 보듯 분명한 상황을 나타낼 때 사용한다.

① 집에 늦게 들어갔으니 야단을 맞을 것이 <u>명약관화</u>하다.

② 형의 물건을 망가뜨렸으니 형이 화를 낼 것이 <u>명약관화</u>하다.

③ 시험공부를 전혀 안 했으니 성적이 떨어질 것이 <u>명약관화</u>하다.

④ 20분 전에 계란을 삶기 시작했으니 다 익었을 것이 <u>명약관화</u>하다.

⑤ 준호는 야구와 축구를 둘 다 좋아하니 농구부에 들 것이 <u>명약관화</u>하다.

08~10 다음 글을 읽고, 물음에 답하시오.　　　　　수학 수

피자를 똑같이 4조각으로 나누었을 때, 그중 1조각은 어떻게 나타낼까? 전체를 나타내는 4를 가로선 아래에, 부분을 나타내는 1을 가로선 위에 써서 $\frac{1}{4}$(사분의 일)과 같은 분수로 나타낼 수 있다. 이때 가로선 아래쪽에 있는 4를 '분모', 가로선 위쪽에 있는 1을 '분자'라고 한다. 분수 중에서 분모가 10인 분수는 소수로 나타낼 수 있다. 즉, 분수 $\frac{1}{10}$은 소수 0.1(영 점 일)로 나타낸다. 이와 같이 소수와 분수는 밀접하게 관련되어 있으며 일상생활의 다양한 상황을 나타내기 위해 분수와 소수가 모두 필요하다.

그렇다면 $\frac{8}{10}$, 0.5 중에서 더 큰 수는 무엇일까? 분수와 소수의 크기를 비교할 때에는 분수를 소수로 바꾸거나, 소수를 분수로 바꾸면 된다. 즉 $\frac{8}{10}$을 소수로 바꾸면 0.8이며, 0.8은 0.5보다 크므로 $\frac{8}{10}$과 0.5 중에서 $\frac{8}{10}$이 더 크다는 것을 분명하게 알 수 있다.

08 이 글의 핵심 내용을 파악하여 빈칸에 들어갈 알맞은 말을 쓰시오.

{ □□와 소수의 특징과 분수와 소수의 크기 비교 }

09 분수와 소수에 대한 설명으로 알맞지 <u>않은</u> 것은?　　[✎　]

① 일상생활에서는 분수만 필요하다.
② 소수 0.1은 '영 점 일'이라고 읽는다.
③ 분모가 10인 분수는 소수로 나타낼 수 있다.
④ 분수는 전체와 부분을 나타내는 수로 이루어져 있다.
⑤ 분수를 소수로 바꾸거나, 소수를 분수로 바꿀 수 있다.

10 다음에 대한 설명으로 알맞지 <u>않은</u> 것에 ✓표를 하시오.

$\frac{2}{5}$
　□ '오분의 이'라고 읽는다.
　□ 분자는 2이고, 분모는 5이다.
　□ 가운데 있는 선을 세로선이라고 한다.

19 영상으로 보는 세상

접속

| 접하다 | 접 接 |
| 잇다 | 속 續 |

컴퓨터에서 여러 개의 장치 사이를 연결하는 일

결합

| 맺다 | 결 結 |
| 합하다 | 합 合 |

둘 이상의 사물이나 사람이 서로 관계를 맺어 하나가 되다.

인터넷에 접속해서 정보를 얻고, 정보들을 결합해 봐.

건강을 유지하는 데 도움이 되는 정보를 얻을 수 있어.

정보

| 뜻 | 정 情 |
| 알리다 | 보 報 |

사물의 내용·형편에 관한 소식이나 자료

유지

| 매다 | 유 維 |
| 지키다 | 지 持 |

어떤 상태나 상황을 그대로 보존하거나 변함없이 계속하다.

어휘를 넓혀요

정답과 해설 24쪽

01 빈칸에 공통으로 들어갈 알맞은 어휘를 쓰시오.

- 도서관에는 우리가 찾던 ☐☐ 가 없었다.
- 월요일이 되자 자료실에 최신 ☐☐ 가 올라왔다.

02 빈칸에 들어갈 알맞은 어휘를 보기에서 골라 쓰시오.

보기

접속   유지

1 아빠는 건강을 [ ]하기 위해 꾸준하게 운동을 하신다.

2 휴대 전화로 인터넷에 [ ]하여 재미있는 영상을 보았다.

03 다음 표에서 뜻이 비슷한 어휘를 골라 ○표를 하시오.

1 결합하다

비슷한 뜻

나누다 | 합치다 | 흩어지다

2 접속하다

비슷한 뜻

가지다 | 연결하다 | 계속하다

04 '결(結)' 자가 들어간 보기의 어휘 중 빈칸에 알맞은 어휘를 골라 쓰시오.

보기

결과(맺다 結, 결과 果)   결혼(맺다 結, 혼인하다 婚)

1 언니는 [ ]하여 한 가정을 이뤘다.

남자와 여자가 정식으로 부부 관계를 맺다.

2 열심히 공부한 [ ] 시험에서 좋은 점수를 얻었다.

어떤 원인으로 결말이 생기다.

05 <u>보기</u>를 보고, 빈칸에 들어갈 알맞은 어휘를 쓰시오.

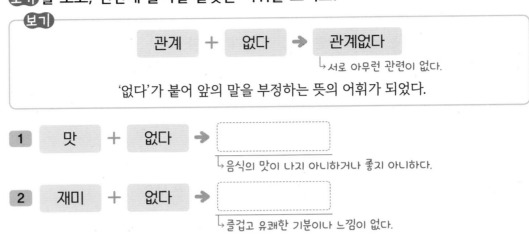

<u>보기</u>

관계 ＋ 없다 ➡ 관계없다
↳ 서로 아무런 관련이 없다.

'없다'가 붙어 앞의 말을 부정하는 뜻의 어휘가 되었다.

1 맛 ＋ 없다 ➡ ⬚
↳ 음식의 맛이 나지 아니하거나 좋지 아니하다.

2 재미 ＋ 없다 ➡ ⬚
↳ 즐겁고 유쾌한 기분이나 느낌이 없다.

06 다음 문장의 밑줄 그은 어휘를 바르게 고쳐 쓰시오.

1 임금과 신하의 관계를 <u>맷었다</u>.
↳ ⬚⬚⬚

2 민수를 중심으로 우리 반 친구들이 하나가 <u>돼다</u>.
↳ ⬚⬚

07 밑줄 그은 부분에 들어갈 속담으로 알맞은 것은? [✎   ]

> 동생: 피아노 학원에 한 달 다녔는데 피아노를 잘 치지 못해. 난 재능이 없나 봐. 태권도 학원에 다녀 볼까?
> 언니: 너 지난번에 바이올린도 두 달 배우다 그만뒀잖아. 그렇게 하던 일을 자주 바꾸면 하나도 잘하기 어려워. ＿＿＿＿＿＿＿＿＿＿＿고 어떤 일이든 끝까지 계속하는 태도가 중요해.

① 빈 수레가 요란하다
② 우물에 가 숭늉 찾는다
③ 밥 안 먹어도 배부르다
④ 우물을 파도 한 우물을 파라
⑤ 말 한마디에 천 냥 빚도 갚는다

08~10 다음 글을 읽고, 물음에 답하시오. `사회` `지리`

조선 시대에 우리나라 전체를 담은 「대동여지도」를 만든 김정호는 전국을 직접 다녀 보아야 했다. 하지만 현대에는 디지털 기술을 활용하여 지도를 만든다. 인공위성이나 비행기를 이용해 사진을 찍어 이를 지도 형식으로 바꾼 뒤 컴퓨터나 스마트폰 등에서 쓸 수 있도록 디지털 정보로 표현한 지도를 디지털 영상 지도라고 한다.

디지털 영상 지도를 이용하면 지정한 장소의 위치나 전체적인 모습을 볼 수 있고, 마치 그 동네에서 길을 걷고 있는 것처럼 건물이나 거리의 모습까지 사진으로 볼 수도 있다. 그래서 다른 나라를 여행할 때도 스마트폰으로 디지털 영상 지도에 접속하여 목적지를 쉽게 찾을 수 있게 되었다. 또한 현장에서 얻은 정보와 디지털 영상 지도에서 얻을 수 있는 시설물에 관한 정보를 결합해 도로나 시설물 등을 유지하고 관리할 수도 있다.

08 이 글의 핵심 내용을 파악하여 빈칸에 들어갈 알맞은 말을 쓰시오.

{ ☐☐☐ 영상 지도의 기능 }

09 디지털 영상 지도에 대한 설명으로 알맞지 <u>않은</u> 것은? [✎   ]

① 인공위성 사진을 이용한다.
② 디지털 정보로 표현되어 있다.
③ 우리나라에서만 사용할 수 있다.
④ 시설물을 관리하는 데 사용할 수 있다.
⑤ 컴퓨터나 스마트폰을 통해 사용할 수 있다.

10 디지털 영상 지도를 이용해 얻을 수 있는 정보가 <u>아닌</u> 것은? [✎   ]

① 내가 살고 있는 곳의 위치
② 내가 살고 있는 곳의 거리 모습
③ 내가 살고 있는 곳의 전체적인 모습
④ 내가 가려는 목적지에 사는 사람들의 정보
⑤ 내가 가려는 목적지에 가기 위해 지나가야 할 길

사회 사회·문화

20 미래의 자동차

주행

| 달리다 | 주 走 |
| 가다 | 행 行 |

주로 기계적인 에너지로 움직이는 자동차나 열차 따위가 달리다.

새로 개발한 자동차를 주행하고 있어. 성능이 좋아.

성능

| 성질 | 성 性 |
| 능력 | 능 能 |

기계 따위가 지닌 성질이나 기능

컴퓨터 기술의 발전

발전

| 피다 | 발 發 |
| 펴다 | 전 展 |

더 낫고 좋은 상태나 더 높은 단계로 나아가다.

컴퓨터의 데이터 처리 속도가 빨라졌네.

처리

| 대처하다 | 처 處 |
| 다스리다 | 리 理 |

사무나 사건 따위를 절차에 따라 정리하여 치르거나 마무리를 짓다.

어휘를 넓혀요

정답과 해설 25쪽

01 다음 어휘의 뜻으로 알맞은 어휘를 괄호 안에서 골라 ○표를 하시오.

> **발전**
>
> 🈹 더 낫고 (나쁜 | 좋은) 상태나 더 (낮은 | 높은) 상태로 나아가다.

02 빈칸에 들어갈 알맞은 어휘를 골라 ✓표를 하시오.

> 자동차 경주를 할 때는 자동차들의 [　　　　] 속도가 매우 빠르다.

☐ 여행　　　☐ 주행　　　☐ 유행　　　☐ 비행

03 밑줄 그은 어휘와 뜻이 비슷한 어휘를 골라 ○표를 하시오.

1 이 휴대 전화는 가격은 비싸지만 <u>성능</u>이 좋다.

　↳ 재능 | 기능 | 효능

2 그 사람은 자신이 맡은 일을 완벽하게 <u>처리했다</u>.

　↳ 해냈다 | 처벌했다 | 분리했다

04 '행(行)' 자가 들어간 보기의 어휘 중 빈칸에 알맞은 어휘를 골라 쓰시오.

> **보기**
>
> 행진(가다 行, 나아가다 進)　　　여행(여행하다 旅, 가다 行)

1 우리는 비가 오는데도 줄을 지어 [　　　　]을 하였다.

　　　줄을 지어 앞으로 나아가다.

2 우리 가족은 이번 여름에 바다로 [　　　　]을 다녀왔다.

　　　일이나 구경을 목적으로 다른 고장이나 외국에 가는 일

05 <보기>를 보고, 다음 문장에서 밑줄 그은 어휘를 바르게 고쳐 쓰시오.

> **보기**
>
> 치르다 (○) 　　치루다 (×)
>
> '무슨 일을 겪어내다.', '주어야 할 돈을 내주다.'의 뜻으로 쓰이는 말은 '치르다'이다.

1 오늘은 시험을 <u>치루는</u> 날이다.

↳ ☐☐☐

2 장난감 값을 <u>치루고</u> 가게를 나왔다.

↳ ☐☐☐

---

06 밑줄 그은 부분에 들어갈 말로 알맞은 것에 ✔표를 하시오

> 지한: 엄마, 이번에 국어 문제를 풀었는데 10문제를 다 맞혔어요.
> 엄마: 그래? 그동안 책을 많이 읽으면서 쌓은 실력이 ＿＿＿＿＿＿＿＿＿＿＿＿.

☐ 콧대가 높다

　잘난 체하고 뽐내는 태도가 있다.

☐ 마음이 통하다

　서로 생각이 같아 이해가 잘되다.

☐ 빛을 발하다

　제 능력이나 값어치를 드러내다.

---

07 다음 한자 성어를 사용할 수 있는 상황으로 알맞은 것은?　[✎　　]

> **일취월장**　　일(日) 날 취(就) 이루다 월(月) 달 장(將) 장차
>
> 　나날이 다달이 자라거나 발전한다는 뜻으로, 날이 가고 달이 갈수록 배움의 정도나 수준이 높아짐을 이르는 말이다.

① 동생이 똑같은 실수를 계속 반복하는 상황
② 친구가 중요한 말만 요약하여 말하는 상황
③ 미주와 영하의 피아노 실력이 거의 비슷한 상황
④ 희재가 동생을 달콤한 말로 속여 간식을 뺏어 먹은 상황
⑤ 연아가 새로운 선생님을 만나 스케이트 실력이 부쩍 느는 상황

08~10 다음 글을 읽고, 물음에 답하시오.

걸어다니거나 말을 타고 다니던 옛날 사람들이 상상만 하던 자동차가 지금은 실제로 만들어졌다. 현대 사회보다 기술이 발전한 미래 사회에는 어떤 자동차가 등장할까? 전문가들은 미래에는 뛰어난 성능을 지닌 무인 자동차가 등장할 것이라고 말한다. 무인 자동차는 사람이 운전하지 않아도 자동차가 스스로 도로 상황을 파악하면서 움직여 목적지에 도착하는 자동차를 말한다.

무인 자동차는 최첨단 통신 기술을 이용해 각종 정보를 처리하면서 도로 위의 다른 자동차를 피하거나 차 사이의 안전한 거리를 지키며 주행한다. 무인 자동차가 실생활에서 널리 사용된다면 자동차가 스스로 신호나 제한 속도를 정확하게 지켜 교통사고가 줄어들 것이다. 또한 몸이 불편한 사람도 손쉽게 자동차를 이용할 수 있을 것이다.

08 이 글의 핵심 내용을 파악하여 빈칸에 들어갈 알맞은 말을 쓰시오.

{ 스스로 주행하는 □□ 자동차의 좋은 점 }

09 무인 자동차에 대해 상상한 장면으로 알맞지 <u>않은</u> 것은? [　　　]

① 운전자가 없는 차가 제한 속도를 지키지 않는 장면
② 운전자가 없는 차가 스스로 도로 위를 주행하는 장면
③ 운전자가 없는 차가 뒷좌석에 사람을 태우고 달리고 있는 장면
④ 운전자가 없는 여러 대의 차들이 안전거리를 지키며 주행하는 장면
⑤ 운전자가 없는 차가 빨간색 신호등을 지켜 횡단보도 앞에 멈추는 장면

10 무인 자동차의 좋은 점을 골라 그 기호를 쓰시오.

> ㉠ 하늘이나 물속에서도 이용할 수 있다.
> ㉡ 자동차가 없어도 먼 곳에 빨리 갈 수 있다.
> ㉢ 몸이 불편한 사람도 쉽게 자동차를 이용할 수 있다.
> ㉣ 전기 등의 에너지가 없어도 자동차를 움직일 수 있다.

[　　　]

1-3 뜻에 알맞은 어휘를 **보기**에서 골라 쓰시오.

보기

| 주행 | 수송 | 원인 | 결과 | 효과 | 해결 |

1 [ ] : 어떤 일을 일으키게 하는 근본이 된 일이나 사건

2 [ ] : 어떤 목적을 지닌 행동에 의해 드러나는 보람이나 좋은 결과

3 [ ] : 주로 기계적인 에너지로 움직이는 자동차나 열차 따위가 달리다.

4-5 어휘에 알맞은 뜻을 골라 선으로 이으시오.

4 특성 •

• ㉠ 모든 것에 두루 미치거나 통하는 성질

• ㉡ 일정한 사물에만 있는 특별히 다른 성질

5 움푹 •

• ㉠ 겉으로 조금 도드라지거나 쏙 내민 모양

• ㉡ 가운데가 둥그스름하게 푹 패어 들어간 모양

6 밑줄 그은 어휘의 뜻으로 알맞은 것은? [✎]

로봇 기술이 발달해 로봇이 커피를 만들어 주는 가게가 꽤 생겼다.

① 인간이 생활하는 데 필요한 각종 물건을 만들어 내다.
② 학문, 기술, 사회 따위의 현상이 보다 높은 수준에 이르다.
③ 나라, 학교, 회사 등이 어떤 것에 특별히 정한 자격을 주다.
④ 어떤 상태나 상황을 그대로 보존하거나 변함없이 계속하다.
⑤ 사무나 사건 따위를 절차에 따라 정리하여 치르거나 마무리를 짓다.

7 어휘의 뜻으로 알맞지 <u>않은</u> 것은? [✏]

① 밤사이: 밤이 지나는 동안
② 곁: 어떤 대상의 옆 또는 가까운 데
③ 부화: 양이나 수가 많아지거나 늘어서 많이 퍼지다.
④ 화폐: 물건을 사거나 팔거나 할 때 쓰는 것. 동전이나 지폐 따위
⑤ 지름: 원이나 구에서, 중심을 지나 그 둘레 위의 두 점을 직선으로 이은 선분

8 괄호 안에 공통으로 들어갈 어휘로 알맞은 것은? [✏]

> • 흰 고양이에게 '백설기'라는 이름을 (   ).
> • 큰 피해를 입힌 태풍에 '개나리'라고 새로 이름을 (   ).

① 붙이다
② 인증하다
③ 탄생하다
④ 결합하다
⑤ 개통하다

9 밑줄 그은 어휘가 문장에 어울리지 <u>않는</u> 것은? [✏]

① 빈 음료수병을 <u>발전하여</u> 꽃병을 만들었다.
② 정월 대보름에는 잡곡밥을 먹는 <u>풍속</u>이 있다.
③ 삼촌 결혼식에는 친척 <u>관계</u>인 사람들만 참석했다.
④ 오래전부터 그들은 스승과 제자로 인연을 <u>맺었다</u>.
⑤ 깨끗한 자연은 <u>자손</u> 대대로 물려줘야 할 보물이다.

10-11 문장에 알맞은 어휘를 골라 ✓표를 하시오.

10 지수가 시험지를 뒷사람에게
☐ 전달했다.
☐ 간직했다.

11 초록 새싹이 돋아나는 것으로 보아 봄이 온 것이
☐ 분명하다.
☐ 구별하다.

12 뜻이 비슷한 어휘끼리 짝 지은 것은?   [✎   ]

① 실제, 사실   ② 멀다, 밀접하다   ③ 느리다, 신속하다

④ 간단하다, 복잡하다   ⑤ 화려하다, 평범하다

13 밑줄 그은 어휘와 바꾸어 쓸 수 있는 것은?   [✎   ]

> 갯벌 체험에 참여한 학생들에게 도시락을 <u>제공하다</u>.

① 받다   ② 걷다   ③ 내주다

④ 빼앗다   ⑤ 찾아가다

14 뜻이 반대인 어휘끼리 짝 지은 것은?   [✎   ]

① 수단, 방법   ② 긴급, 긴박   ③ 표현하다, 나타내다

④ 줄어들다, 늘어나다   ⑤ 쫓아다니다, 따라다니다

15-17 괄호 안에 들어갈 알맞은 어휘를 골라 선으로 이으시오.

15   옛날 사람들은 자신이 가진 물건들과 다른 사람이 가진 물건을 (   )하여 필요한 물건을 얻었다.   •   • 교환

16   요즈음에는 과학을 활용해 증거를 찾아내고 범인을 (   )하는 과학 수사가 점점 더 중요해지고 있다.   •   • 생산

17   우리나라처럼 사계절이 있는 지역은 다른 지역에 비해 풍부한 음식 재료를 (   )할 수 있어서 다양한 음식들이 발달하였다.   •   • 추리

관용어 · 속담 · 한자 성어

18 밑줄 그은 관용어의 뜻으로 알맞은 것은?   [✎   ]

> 산에 불이 나자 소방관들이 발 빠르게 움직여 불을 껐다.

① 잊지 않고 마음속에 새겨 두다.
② 알맞고 필요한 대책을 신속히 취하다.
③ 무엇을 달라고 요구하거나 달라고 빌다.
④ 어떤 단체나 무리 중에서 몇 되지 않게 특별하다.
⑤ 함께 일을 하는 데에 마음이나 의견 따위가 서로 맞다.

19 다음 속담에서 얻을 수 있는 교훈으로 알맞은 것은?   [✎   ]

> **세 살 적 버릇이 여든까지 간다**
>
> '여든'은 '80'을 뜻한다. 이 속담은 세 살에 생긴 버릇이 팔십 살까지 간다는 뜻으로, 어릴 때 몸에 배어 굳어진 버릇은 늙어 죽을 때까지 고치기 힘들다는 뜻을 담고 있다.

① 어릴 때 생긴 버릇은 많을수록 좋다.
② 어릴 때 생긴 버릇은 쉽게 고칠 수 있다.
③ 어른에게는 버릇없이 행동하지 말아야 한다.
④ 어릴 때에는 어른이 하는 행동을 잘 따라하는 게 좋다.
⑤ 어릴 때부터 나쁜 버릇이 들지 않도록 잘 가르쳐야 한다.

20 한자 성어 설명에서 괄호 안에 들어갈 어휘로 알맞은 것은?   [✎   ]

> **명약관화**
>
> | 밝다 | 명(明) |
> | 같다 | 약(若) |
> | 보다 | 관(觀) |
> | 불 | 화(火) |
>
> 불은 멀리서도 보일 정도로 매우 밝다. 이 한자 성어는 밝기가 불을 보는 것과 같다는 뜻으로 불을 보듯 뻔하고 (   )는 뜻을 담고 있다. 상황이 흘러갈 방향이나 상대방이 할 행동이 명확하게 예상될 때 사용할 수 있다.

① 적합하다   ② 애매하다   ③ 분명하다
④ 구분하다   ⑤ 간단하다

1-2 어휘에 알맞은 뜻을 골라 선으로 이으시오.

1 긴급 •

• ㉠ 매우 날쌔고 빠르다.

• ㉡ 꼭 필요하고 중요하며 급하다.

2 타당하다 •

• ㉠ 그렇게 되어야 맞거나 옳다.

• ㉡ 꼭 쓰이는 바가 있다. 없어서는 안 된다.

3 밑줄 그은 어휘의 뜻으로 알맞은 것은?

전시관에는 다양한 모양의 도자기가 있었다.

① 환하게 빛나며 곱고 아름답다.
② 바로 눈앞에 보는 것처럼 또렷하다.
③ 뛰어나거나 색다른 점이 없이 보통이다.
④ 모양, 빛깔, 형태 따위가 여러 가지로 많다.
⑤ 일정한 기준에 따라 전체를 몇 개로 갈라 나누다.

4-6 뜻에 알맞은 어휘를 보기 에서 골라 쓰시오.

보기
의식   활동   인증   성능   부분   결합

4 [   ] : 기계 따위가 지닌 성질이나 기능

5 [   ] : 전체를 이루는 작은 범위. 또는 전체를 몇 개로 나눈 것의 하나

6 [   ] : 행사를 치르는 일정한 방식. 또는 정해진 방식에 따라 치르는 행사

7 어휘의 뜻으로 알맞지 <u>않은</u> 것은? [✏]

① 질병: 몸의 온갖 병

② 사계절: 봄 · 여름 · 가을 · 겨울의 네 철

③ 기간: 어느 일정한 시기부터 다른 어느 일정한 시기까지의 사이

④ 인공: 사람이 만든 것이 아니고 저절로 이루어져 있는 세상의 모든 사물

⑤ 양심: 자기의 행동에 대하여 옳고 그름을 판단하고 바른 말과 행동을 하려는 마음

8-9 문장에 알맞은 어휘를 골라 ✔표를 하시오.

8 벚꽃이 바람에 날려 하늘에 ☐ 떠돌다. ☐ 주행하다.

9 미술 시간에 부모님의 얼굴을 ☐ 떠올리며 ☐ 추리하며 그림을 그렸다.

10 밑줄 그은 어휘가 문장에 어울리지 <u>않는</u> 것은? [✏]

① 어머니는 아픈 아이를 정성껏 <u>보살폈다</u>.

② 여행 <u>정보</u>를 얻기 위해 안내 책자를 읽었다.

③ 인터넷에 <u>접속</u>하여 친구가 보낸 메일을 확인했다.

④ 그 의사는 몇 년째 심장병 치료 방법을 <u>연구</u>하고 있다.

⑤ 공원 내 쓰레기 문제를 <u>유지하기</u> 위해 쓰레기통을 늘리기로 했다.

11 괄호 안에 공통으로 들어갈 어휘로 알맞은 것은? [✏]

- 이야기책 내용을 간단하게 ( )해 친구에게 말해 주었다.
- 영화를 고르기 전 영화 내용을 짧게 ( )한 내용을 읽어 보았다.

① 요약   ② 처리   ③ 번식

④ 활용   ⑤ 제공

12-14 괄호 안에 들어갈 알맞은 어휘를 골라 선으로 이으시오.

12 조선 시대에는 봉수대들을 만들어 (   ) 지역에서 한양까지 소식을 전했다.   •

• 특색

13 양동 마을에는 우리 전통문화의 (   )이 드러나는 옛날 집들이 잘 보존되어 있다.   •

• 변방

14 감각적 표현을 사용하면 장면을 머릿속에 생생하게 그릴 수 있어 (   )이 나고 재미가 있다.   •

• 실감

15 밑줄 그은 어휘와 바꾸어 쓸 수 없는 것은?   [✎   ]

> 해외에서 구입한 물건은 비행기나 배로 <u>수송한다</u>.

① 옮긴다   ② 나른다   ③ 운송한다
④ 운반한다   ⑤ 개통한다

16 뜻이 반대인 어휘끼리 짝 지은 것은?   [✎   ]

① 최고, 최저   ② 지니다, 간직하다   ③ 비슷하다, 유사하다
④ 붐비다, 북적거리다   ⑤ 충돌하다, 맞부딪치다

17 뜻이 비슷한 어휘끼리 짝 지은 것은?   [✎   ]

① 담다, 꺼내다   ② 알맞다, 적합하다   ③ 편리하다, 불편하다
④ 탄생하다, 없어지다   ⑤ 정확하다, 부정확하다

관용어 · 속담 · 한자 성어

18 다음 설명에 맞는 관용어로 알맞은 것은?   [✎　]

> 이 관용어는 '요금이나 물건값을 실제 가격보다 비싸게 지불하여 억울한 손해를 보다.'라는 뜻이다.
> → **예** 외국인 관광객 중에는 실제 가격을 몰라서 _____ 경우가 종종 있다.

① 말을 잃다
② 빛을 발하다
③ 바가지를 쓰다
④ 발 디딜 틈이 없다
⑤ 꿈에도 생각지 못하다

19 다음 속담의 뜻으로 알맞은 것은?   [✎　]

> ### 가지 많은 나무에 바람 잘 날이 없다
>
> 이 속담에서 '가지가 많은 나무'는 '자식이 많은 부모'를 빗대어 표현한 것이고, '바람 잘 날이 없다'는 바람에 흔들리지 않는 날이 없다는 뜻이다.

① 자식이 많은 가정은 화목하기 마련이다.
② 자식을 많이 둔 부모는 걱정이 끊일 날이 없다.
③ 부모에게는 자식이 아무리 많아도 모두 소중하다.
④ 열 명의 자식이라도 한 부모를 모시지 못하는 경우가 많다.
⑤ 한 어미에게서 난 자식도 생긴 모습과 성격이 각각 다르다.

20 한자 성어 설명에서 괄호 안에 들어갈 어휘로 알맞은 것은?   [✎　]

일취월장	무엇을 배울 때 처음에는 서툴러도 꾸준히 연습하면 실력이 어느새 눈에 띄게 좋아질 수 있다. 이 한자 성어는 하루가 지나면 새로운 것을 이루고 한 달이 지나면 더 많은 것을 이룰 수 있다는 뜻으로, 나날이 다달이 자라거나 (　　　　　)을 이른다.
날　　　　일(日)	
이루다　　취(就)	
달　　　　월(月)	
장차　　　장(將)	

① 굳어짐
② 줄어듦
③ 떨어짐
④ 비슷함
⑤ 발전함

memo

완자

공부력

정답과 해설

어휘 ✕

초등 전과목

3A

3-4학년

 **책 속의 가접 별책** (특허 제 0557442호)

'정답과 해설'은 진도책에서 쉽게 분리할 수 있도록 제작되었으므로
유통 과정에서 분리될 수 있으나 파본이 아닌 정상 제품입니다.

visang

ABOVE IMAGINATION

우리는 남다른 상상과 혁신으로
교육 문화의 새로운 전형을 만들어
모든 이의 행복한 경험과 성장에 기여한다

ⓦ 완자

공부력

초등 전과목
어휘 3A

· · · ·

정답과 해설

완자 공부력 가이드

완자 공부력 시리즈는
앞으로도 계속 출간될 예정입니다.

국어
맞춤법
바로 쓰기
1~2학년용
4책

쓰기력

전과목
어휘
1~6학년용
12책

전과목
한자
어휘
1~6학년용
12책

영어
파닉스
1~2학년용
2책

영어
영단어
3~6학년용
8책

어휘력

국어
독해
1~6학년용
12책

한국사
독해
인물편
3~6학년용
4책

한국사
독해
시대편
3~6학년용
4책

독해력

수학
계산
1~6학년용
12책

계산력

완자 공부력 시리즈로 공부 근육을 키워요!

매일 성장하는
초등 자기개발서
완자
공부력

학습의 기초가 되는 읽기, 쓰기, 셈하기와 관련된
공부력을 키워야 여러 교과를 터득하기 쉬워집니다.
또한 어휘력과 독해력, 쓰기력, 계산력을 바탕으로 한
'공부력'은 자기주도 학습으로 상당한 단계까지 올라갈 수
있는 밑바탕이 되어 줍니다. 그래서 매일 꾸준한 학습이
가능한 '**완자 공부력 시리즈**'로 공부하면 자기주도 학습이
가능한 튼튼한 공부 근육을 키울 수 있을 것이라 확신합니다.

효과적인 **공부력 강화 계획**을 세워요!

○ **학년별 공부 계획**
내 학년에 맞게 꾸준하게 공부 계획을 세워요!

		1-2학년	3-4학년	5-6학년
기본	독해	국어 독해 1A 1B 2A 2B	국어 독해 3A 3B 4A 4B	국어 독해 5A 5B 6A 6B
	계산	수학 계산 1A 1B 2A 2B	수학 계산 3A 3B 4A 4B	수학 계산 5A 5B 6A 6B
	어휘	전과목 어휘 1A 1B 2A 2B	전과목 어휘 3A 3B 4A 4B	전과목 어휘 5A 5B 6A 6B
		파닉스 1 2	영단어 3A 3B 4A 4B	영단어 5A 5B 6A 6B
확장	어휘	전과목 한자 어휘 1A 1B 2A 2B	전과목 한자 어휘 3A 3B 4A 4B	전과목 한자 어휘 5A 5B 6A 6B
	쓰기	맞춤법 바로 쓰기 1A 1B 2A 2B		
	독해		한국사 독해 인물편 1 2 3 4	
			한국사 독해 시대편 1 2 3 4	

◎ 시기별 공부 계획

학기 중에는 **기본**, 방학 중에는 **기본 + 확장**으로 공부 계획을 세워요!

방학 중			
학기 중			확장
기본			
독해	계산	어휘	어휘, 쓰기, 독해
국어 독해	수학 계산	전과목 어휘	전과목 한자 어휘
		파닉스(1~2학년) 영단어(3~6학년)	맞춤법 바로 쓰기(1~2학년) 한국사 독해(3~6학년)

예시 초1 학기 중 공부 계획표 주 5일 하루 3과목 (45분)

월	화	수	목	금
국어 독해	국어 독해	국어 독해	국어 독해	국어 독해
수학 계산	수학 계산	수학 계산	수학 계산	수학 계산
전과목 어휘	파닉스	전과목 어휘	전과목 어휘	파닉스

예시 초4 방학 중 공부 계획표 주 5일 하루 4과목 (60분)

월	화	수	목	금
국어 독해	국어 독해	국어 독해	국어 독해	국어 독해
수학 계산	수학 계산	수학 계산	수학 계산	수학 계산
전과목 어휘	영단어	전과목 어휘	전과목 어휘	영단어
한국사 독해 인물편	전과목 한자 어휘	한국사 독해 인물편	전과목 한자 어휘	한국사 독해 인물편

01 1 질병 2 밤사이

02 ☑ 평범한

03 뜻 점점 ((몸)| 말)에 배어 아주 (기회 |(자리))를 잡게 되다.

04 1 문병 2 병균

05 1 ((배다)| 베다) 2 (배었다 |(베었다)) 3 (배고 |(베고))

💬 1은 음식 냄새가 옷에 스며들었음을 나타내므로 '배다'를 써야 한다. 2와 3은 종이의 날카로운 면이나 낫의 날로 손을 가르거나 풀을 자른 상황이므로 '베다'를 써야 한다.

06 ⑤ 고구마

💬 ⑤ 고구마는 두 어휘가 합쳐지지 않은 하나의 어휘로 된 말이다.
① 눈물은 '눈'과 '물'이 합쳐진 어휘이다.
② 손발은 '손'과 '발'이 합쳐진 어휘이다.
③ 강산은 '강'과 '산'이 합쳐져서 자연의 경치나 나라의 영토를 뜻하는 어휘이다.
④ 돌다리는 '돌'과 '다리'가 합쳐진 어휘이다.

07 ④ 어릴 때부터 손톱을 물어뜯는 행동을 고치지 못했다.

💬 제시된 속담은 한번 몸에 배인 버릇은 고치기 어렵다는 뜻이다.
① '밑 빠진 독에 물 붓기'라는 속담이 어울린다.
② '발 없는 말이 천 리 간다'라는 속담이 어울린다.
③ '꿩 대신 닭'이라는 속담이 어울린다.
⑤ '가는 날이 장날'이라는 속담이 어울린다.

08 '안 녕 하 세 요'라는 인사말의 역사

💬 이 글에서는 우리나라에서 '안녕하세요'라는 인사말이 생기게 된 역사를 설명하고 있다. 다른 나라의 침입과 질병 때문에 사람들이 갑자기 다치거나 죽게 되는 일을 겪으면서 서로의 안부를 묻던 것이 굳어져 인사말이 되었음을 설명하였다.

09 ⑤ 전쟁이나 질병으로 사람들이 갑자기 죽는 일이 생겨서

💬 전쟁이나 질병으로 갑자기 죽거나 다치는 일이 생기자 사람들은 서로 별일이 없었는지 궁금해하게 되었다.

10 ④ 생활 환경

💬 이 글은 전쟁과 질병 때문에 사람들이 갑자기 죽는 일을 겪어야 했던 생활 환경이 말에 영향을 준 사례를 보여 주는 글이다.

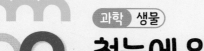
01 곁

02 뜻 (자연 ㅣ사람)의 힘으로 (자연에 있는 ㅣ 사람이 만든) 물체와 똑같은 것 또는 전혀 새로운 것을 만들어 내는 일

03 ☑ 연구하여

04 보살핀다 ㅣ 뛰어다닌다 ㅣ 따라다닌다

05 **1** (곁 ㅣ 곁)　**2** (밝히다 ㅣ 발키다)　**3** (쫓아다녔다 ㅣ 쫀아다녔다)

06 **1** ㉢　**2** ㉠　**3** ㉡

07 ② 성격이나 생각이 비슷한 사람끼리 서로 사귄다.

　　　'유유상종(類類相從)'은 '비슷하다 유(類) / 비슷하다 유(類) / 서로 상(相) / 좇다 종(從)'으로 이루어진 한자 성어이다. '유유상종'은 생각이나 성품이 비슷한 사람들이 곁에 모이고 서로 사귄다는 뜻이다.
　　　① 역지사지(易地思之)의 뜻이다.
　　　③ 오리무중(五里霧中)의 뜻이다.
　　　④ 근묵자흑(近墨者黑)의 뜻이다.
　　　⑤ 동상이몽(同床異夢)의 뜻이다.

08 갓 태어난 동물이 처음 본 대상을 쫓아다니는 행동인 ' 각 인 '

　　　이 글은 갓 태어난 동물이 특정 시기에 처음 본 대상을 어미로 생각하여 쫓아다니는 행동인 '각인'에 대해 설명하였다.

09 ⑤ 새끼와 어미 사이에 끈끈한 관계를 형성해 주는 행동이다.

　　　2문단에서 새끼들은 태어나서 처음으로 본 대상을 어미로 생각하며 쫓아다니면서, 어미와 새끼 사이에 끈끈한 관계가 형성된다고 하였다.

10 ⑤ 갓 태어난 기러기가 로렌츠를 어미로 알고 쫓아다녔다.

　　　1문단에서 새끼 기러기가 태어나는 순간에 처음으로 로렌츠를 보았고, 그 후에 로렌츠를 쫓아다녔다고 하였다. 로렌츠는 이 새끼 기러기의 행동을 보고 동물들의 이러한 행동에 대해 연구하였다.

날씨에 따른 음식

01 사계절

02 ☑ 알맞다

03 ③ 생산했다

04 **1** 생산하다 **2** 적합하다 **3** 발달하다

05 **1** ㉠ **2** ㉡ **3** ㉢

06 ☑ 함께 일을 하는 데에 마음이나 의견 따위가 서로 맞다.

💬 앞뒤 문장을 통해 모둠 친구들과의 마음이나 의견이 서로 맞았다는 것을 알 수 있다.
첫 번째 문장은 '앞뒤가 맞다', 두 번째 문장은 '손을 내밀다'의 뜻이다.

07 ☑ 자연은 [   ]에 따라 그 색과 모습이 다르다.

💬 첫 번째 문장에는 모두 함께 즐겼다는 뜻이므로 '남녀노소(男女老少: 남자와 여자, 늙은이와 젊은이라는 뜻으로 모든 사람을 이르는 말)'가 알맞다. 마지막 문장에는 사계절이 아닌 '가을'을 뜻하는 한자 성어가 들어가는 것이 알맞다. 가을을 뜻하는 한자 성어에는 '천고마비(天高馬肥: 하늘이 높고 말이 살찐다는 뜻으로, 하늘이 맑아 높푸르게 보이고 온갖 곡식이 익는 가을철을 이르는 말)'가 있다.

08 날씨에 맞게 발달한 여러 지역의 [음] [식] 문화

💬 이 글에서는 여러 지역에서 나타나는 다양한 날씨와 그 날씨에 적합하게 발달한 음식 문화에 대해 설명하고 있다. 이를 통해 날씨가 음식 문화에 큰 영향을 끼친다는 것을 알 수 있다.

09 ⑤ 다양한 음식 재료를 생산할 수 있어서

💬 우리나라와 같이 사계절이 있는 지역은 다른 기후의 지역에 비해 풍부한 음식 재료를 생산할 수 있어서 다양한 음식들이 발달하였다.

10 ④ 덥고 비가 많이 오는 지역

💬 덥고 비가 많이 오는 지역은 덥고 습하기 때문에 음식이 상하기 쉽다. 그래서 음식이 상하는 것을 막기 위해 음식을 소금에 절여 보관했다.

04 나무를 심어요

수학 연산

01 원인

02 ☑ 줄어들었어

03 ㉠

㉠은 어떤 일이 무슨 일이 이루어지는 차례나 순서에 따라 진행되었다는 뜻이다. 빈칸에는 '차례'나 '순서'와 같은 어휘가 들어가야 알맞다.

04 1 사실 2 늘어나다

05 1 (실제 | ⟨실재⟩) 2 (⟨실제⟩ | 실재)

06 ☑ 바가지를 쓰다

세희와 준기가 같은 연필을 샀는데, 세희가 준기보다 더 비싸게 샀으므로 '바가지를 쓰다'를 쓰기에 알맞다.

07 ① 원인이 없으면 결과가 있을 수 없다.

엄마는 은지가 밤에 늦게 자기 때문에 낮에 졸린 것이라는 이야기를 하며 밑줄 그은 속담을 사용하였다. '아니 땐 굴뚝에 연기 날까'는 불을 피웠기 때문에 굴뚝에서 연기가 나오는 것처럼 어떤 일이 벌어지는 데에는 그럴 만한 원인이 있다는 뜻이다.
② '티끌 모아 태산'이라는 속담의 뜻이다.
③ '우물에 가 숭늉 찾는다'라는 속담의 뜻이다.
④ '우물을 파도 한 우물을 파라'라는 속담의 뜻이다.
⑤ '땅에서 솟았나 하늘에서 떨어졌나'라는 속담의 뜻이다.

08 자원봉사자들이 중국의 사막 지역에 심을 | 나 | 무 |의 수

이 문제는 사막에 나무를 심으러 떠나는 자원봉사자의 수와 한 사람이 심을 나무의 수를 가지고 자원봉사자가 심을 전체 나무의 수를 구하는 것이다.

09 ④ 15   2

나무를 심기 위해 15명이 떠나고, 한 사람이 2그루의 나무를 심을 것이라고 하였다.

10 식 _____ 15×2=30 _____   답 | 30 |그루

15명의 자원봉사자들이 한 사람당 2그루씩 나무를 심는다고 하였으므로 15에 2를 곱하면 심은 나무의 수를 알 수 있다.

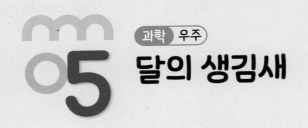

01 ❶ 충돌 ❷ 움푹

02 뜻 원이나 구에서, 중심을 지나 그 둘레 위의 두 점을 (곡선 |(직선))으로 이은 선분

03 ㉠

○○○○ ㉠은 횡단보도 위를 지나간다는 뜻이므로 '건너다', '지나다'와 같은 어휘가 들어가야 알맞다.

04 ☑ 맞부딪쳤다

05 ❶ ㉡ ❷ ㉠ ❸ ㉢

06 ③ 철문을 <u>쿵쿵</u> 두드리는 소리가 들렸다.

○○○○ '쿵쿵'은 '크고 무거운 물건이 잇따라 바닥이나 물체 위에 떨어지거나 부딪쳐 나는 소리'로 소리를 흉내 내는 말이다.

07 ☑ 맞서는 사람이 없으면 싸움이 일어나지 않는다.

○○○○ '고장난명(孤掌難鳴)'은 '혼자 고(孤) / 손바닥 장(掌) / 어렵다 난(難) / 울리다 명(鳴)'으로 이루어진 한자 성어로, 한 쪽 손으로는 손뼉을 울리기 어렵다는 뜻이다. 즉, 혼자서는 어떤 일을 이룰 수 없다는 뜻과 맞서는 상대 없이는 싸움이 일어나지 않는다는 뜻으로 쓰인다.
  • 첫 번째 문장은 '역지사지(易地思之)'의 뜻이다.
  • 두 번째 문장은 '설상가상(雪上加霜)'의 뜻이다.

08 달 의 모양과 달 표면의 특징

○○○○ 이 글에서는 달이 전체적으로 회색빛의 공 모양이고, 표면에 바다라 불리는 어두운 부분과 많은 구덩이들이 있음을 설명하였다.

09 ③ 달에는 물이 흐르는 바다가 있다.

○○○○ 달의 어두운 부분을 '달의 바다'라고 부르는데 이름은 바다이지만 실제로 물이 있는 것은 아니다.

10 ⑤ 우주를 떠돌던 돌덩이가 달과 부딪쳤다.

○○○○ 달에는 크고 작은 구덩이들이 있는데, 이 구덩이들은 우주를 떠돌던 돌덩이들이 달 표면과 직접 충돌하면서 만들어진 것이다.

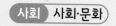
세계가 지켜야 할 문화재

01 특색

02 ☑ 지정했다

03 ㉣

┄┄ ㉣은 버릇이 되었다는 뜻의 문장이므로 '굳어지다'와 같은 어휘가 들어가는 것이 알맞다.

04 ⑤ 간직하고

05 **1** (많이 | 많히)   **2** (깊이 | 깊히)   **3** (특별이 | 특별히)

┄┄ **1** '많이'는 '수, 양, 정도 따위가 일정한 기준보다 넘게'라는 뜻이다.
2 '깊이'는 '수준이 높게. 또는 정도가 심하게'라는 뜻이다.
3 '특별히'는 '보통과 구별되게 다르게'라는 뜻이다.

06 ③ 잊지 않고 마음속에 새겨 두다.

┄┄ 받고 싶은 선물을 말하라는 엄마의 말에 민서는 예전부터 마음에 간직해 둔 물건을 말했다. 이것으로 보아 '마음에
두다'는 '잊지 않고 마음속에 새겨 두다.'의 뜻임을 알 수 있다.
① '마음을 풀다'의 뜻이다.
② '마음에 없다'의 뜻이다.
④ '마음이 풀리다'의 뜻이다.
⑤ '마음이 통하다'의 뜻이다.

07 ☑ [   ] 이라고 책은 많이 읽으면 읽을수록 좋다.

┄┄ '다다익선'은 '많이 읽으면 읽을수록 좋다.'라고 제시된 두 번째 문장에 어울리는 한자 성어이다.
첫 번째 문장에는 '비일비재(非一非再: 같은 현상이나 일이 한두 번이나 한둘이 아니고 많다.)'가, 세 번째 문장에는
'이구동성(異口同聲: 여러 사람의 말이 한결같음을 이르는 말)'이 들어가는 것이 어울린다.

08 세계 [문] [화] [유] [산] 의 뜻과 그 중 하나인 양동 마을

┄┄ 이 글은 세계 문화유산이 무엇인지 설명하고, 세계 문화유산으로 지정된 경주 양동 마을에 대해 설명하고 있다.

09 ⑤ 전 세계 사람들이 보호해야 할 귀중한 문화유산이다.

┄┄ 1문단에서 세계 문화유산은 세계의 모든 사람이 보호해야 할 귀중한 문화유산이라고 하였다.

10 ③ 다양한 외국의 문화를 볼 수 있다.

┄┄ 양동 마을은 조선 시대의 전통문화를 그대로 간직하고 있으며 우리 전통문화의 특색이 드러나는 전통적인 집들이
잘 보존되어 있다고 하였다.

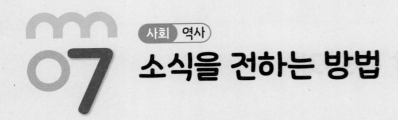
01 1 변방 2 긴급

02 날쌔다 느리다

03 ☑ 방법

04 1 신속하다 2 수단 3 긴급하다 4 변방

05 ③ 이 음식은 꿀로서 단맛을 냅니다.

💬 꿀은 단맛을 내는 재료이므로 '꿀로써'라고 써야 한다.

06 ☑ 발 빠르다

💬 태풍이 분 상황에서 사람들이 힘을 모아 신속하게 과일을 따 피해를 줄일 수 있었다고 했으므로 '발 빠르다'라는 말을 사용하기에 알맞다.

07 ⑤ 어떤 그림을 그릴지 생각하지 않고 바로 색칠을 하는 사람에게

💬 아무리 급해도 무엇을 그릴 것인지 계획을 세우고 그림을 그려야 하므로 '일에는 순서가 있으므로 급해도 순서대로 일해야 한다.'라는 뜻의 속담을 사용할 수 있다.

08 조선 시대에 소식을 전하는 수단인 파 발 과 봉 수

💬 이 글에서는 조선 시대에 소식을 전하는 대표적인 수단인 파발과 봉수를 설명하고 있다.

09 ③ 급한 일에는 방울을 3개 달았다.

💬 파발은 소식이 긴급한 정도에 따라 파발에 방울을 달았는데, 긴급한 일인 경우에 방울을 3개 달았다.
① 파발은 옛날에 먼 곳에 소식을 전할 때 사용했다.
② 파발은 사람이 걷거나 말을 타고 가서 소식을 전했다.
④ 파발은 문서로 정확한 내용을 전달할 수 있었다.
⑤ 파발은 날씨와 상관없이 이용할 수 있지만 봉수는 날씨가 안 좋으면 사용할 수 없었다.

10 ① 한양 안에서만 사용했다.

💬 봉수는 굴뚝이 다섯 개가 있는 봉수대에 불이나 연기를 피워서 변방에서 한양까지 소식을 전하는 데 사용되었다.

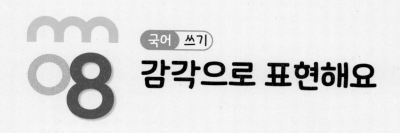
08 감각으로 표현해요

본문 36-39쪽

01 **1** 실감 **2** 구분

02 뜻 바로 ((눈앞) | 양옆)에 보는 것처럼 ((또렷하다) | 흐릿하다).

03 ③ 나타냈다

ㅤ ① 뛰어나다: 남보다 월등히 훌륭하거나 앞서 있다.
ㅤ ② 감추다: 남이 보거나 찾아내지 못하도록 가리거나 숨기다.
ㅤ ④ 파악하다: 어떤 대상의 내용이나 본질을 확실하게 이해하여 알다.
ㅤ ⑤ 조사하다: 사물의 내용을 명확히 알기 위하여 자세히 살펴보거나 찾아보다.

04 **1** 감동 **2** 감사

05 **1** ㉠ **2** ㉡ **3** ㉢

06 **1** 손 짓 **2** 눈 짓

07 ⑤ 마음속으로만 애태우지 말고 시원스럽게 말을 해야 한다.

ㅤ 은지는 민지의 오해를 받았는데도 아무 말도 하지 못했다고 하였다. 우영이는 민지에게 할 말을 시원하게 해야 한다고 충고하고 있다. 그러므로 밑줄 그은 속담은 ⑤의 뜻임을 알 수 있다.

08 느낌을 생생하게 드러내는 감 각 적 표현

ㅤ 이 글에서는 눈, 코, 귀, 입, 손의 감각을 이용한 감각적 표현을 이용하면 대상에 대한 느낌을 생생하게 나타낼 수 있음을 예를 들어 설명하고 있다.

09 ☑ 장면을 머릿속에 그릴 수 있다.

ㅤ 감각적 표현을 사용하면 대상을 생생하고 재미있게 표현할 수 있을 뿐만 아니라 장면을 머릿속에 생생하게 그릴 수 있어 실감이 나고 재미가 있다고 하였다.

10 ② 코로 냄새 맡기

ㅤ ㉠에서는 아기의 몸에서 과일 냄새 같은 달콤한 향기가 난다고 하였으므로 코로 냄새 맡는 감각(후각)을 사용해 표현한 것임을 알 수 있다.

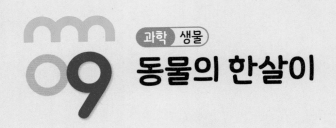

01 뜻 자신의 세대에서 여러 세대가 (앞선 | (지난)) 뒤의 자녀를 ((통틀어) | 따로따로) 이르는 말

02 ☑ 굳어지기

03 ☑ 부화한

04 (돌보았다) | 간직했다 | 소중했다

05 **1** 껍질 **2** 껍데기

06 **1** 작아지다 **2** 높아지다 **3** 끊어지다 **4** 넓어지다

해설 '−아지다/−어지다'가 어휘의 뒤에 붙으면 제 힘으로 스스로 움직이는 것이 아니라 다른 대상에 의해서 어떤 동작을 당하게 되는 것을 표현한다.

07 ⑤ 가지 많은 나무에 바람 잘 날이 없다

해설 이 속담은 자식이 많은 부모를 잎이 많은 나무에 비유하여 자식이 많으면 걱정거리도 많다는 것을 뜻하고 있다. '바람이 자다'는 바람이 잠잠해진다는 뜻이므로, '바람이 잘 날이 없다'는 말은 바람에 흔들리지 않는 날이 없다는 뜻으로 이해하면 된다.
① 불가능한 일을 하려고 애쓰는 어리석음을 이르는 말이다.
② 부분만 보고 전체는 보지 못한다는 말이다.
③ 능력 있는 사람이 먼저 뽑혀 쓰인다는 말이다.
④ 잘될 사람은 어려서부터 남다르다는 말이다.

08 알 을 낳는 동물과 새 끼 를 낳는 동물

해설 이 글에서는 동물의 번식 방법을 소개하면서 알을 낳는 동물과 새끼를 낳는 동물로 나누어 설명하고 있다.

09 ③ 소

해설 이 글을 통해 소는 알을 낳는 동물이 아니라 새끼를 낳는 동물임을 알 수 있다.

10 ④ 새끼는 다 자라서도 어미젖을 먹는다.

해설 새끼를 낳는 동물들의 새끼는 어미젖을 먹고 자라다가 점차 다른 먹이를 먹는다.

10 곱셈을 쉽게 하는 도구

본문 44-47쪽

01 붙이다(붙인다, 붙였다)

02 편리

03 ☑ 인증

04 **1** 적합하다 | ⬭유사하다 | 평범하다   **2** 편하다 | ⬭불편하다 | 유리하다

💬 **1** '유사하다'는 '서로 비슷하다.'라는 뜻이다.
  • 적합하다: 일이나 조건 따위에 꼭 알맞다.
  • 평범하다: 뛰어나거나 색다른 점이 없이 보통이다.
  2 '불편하다'는 '어떤 것을 사용하거나 이용하는 것이 거북하거나 괴롭다.'라는 뜻이다.
  • 편하다: 몸이나 마음이 거북하거나 괴롭지 아니하여 좋다.
  • 유리하다: 이익이 있다.

05 **1** ㉡ **2** ㉢ **3** ㉠

06 **1** 편 리 해 졌 다   **2** 난 리

💬 받침 'ㄴ'이 뒤에 오는 'ㄹ'과 만났을 때 'ㄴ'이 [ㄹ]로 소리 나지만 'ㄴ'으로 써야 한다.

07 ① 나는 친구의 형편을 <u>대동소이</u>해서 친구를 도왔다.

💬 ①에는 어려운 친구의 형편을 생각했다는 뜻이므로 '역지사지(易地思之: 처지를 바꾸어서 생각해 보다.)'와 같은 한자 성어가 들어가야 알맞다.

08 ' 구 구 단 '이라는 이름이 붙은 까닭

💬 이 글에서는 '구구단'이라는 이름이 붙은 까닭, 세계 여러 나라에서 사용하는 구구단과 비슷한 것들을 설명하고 있다.

09 ① 인도에서는 5단까지 배운다.

💬 2문단에서 인도에서는 19단까지 배운다는 것을 알 수 있다.

10 ⑤ 옛날에는 9단의 맨 끝부터 외웠기 때문이다.

💬 옛날에는 구구단을 9단의 맨 끝인 '구구 팔십일.'부터 외웠기 때문에 '구구단'이라는 이름이 붙었다.

11 때가 되면 하는 일

본문 48-51쪽

01 풍속

02 뜻 둘 이상의 사람, 사물, 현상 따위가 (홀로 | (서로)) 관련을 ((맺다) | 끊다).

03 ㉡

💬 ㉡에는 '관계를 이어지지 않게 하다.'라는 뜻의 '끊다'가 들어가는 것이 알맞다.

04 ☑ 의식

💬 '의식'은 '행사를 치르는 일정한 방식. 또는 정해진 방식에 따라 치르는 행사'를 뜻한다.
• 일: 무엇을 이루거나 적절한 대가를 받기 위하여 어떤 장소에서 일정한 시간 동안 몸을 움직이거나 머리를 쓰는 활동. 또는 그 활동의 대상
• 사건: 사회적으로 문제를 일으키거나 주목을 받을 만한 뜻밖의 일
• 형편: 일이 되어 가는 상태나 경로 또는 결과

05 1 ㉡ 2 ㉠ 3 ㉠

06 1 지 혜 2 관 계

07 ☑ 맺고 끊다

💬 승아와 하린이의 말로 보아 민서는 맡은 일을 분명하고 꼼꼼하게 잘 해낸다. 이런 민서에게 어울리는 말은 '맺고 끊다'이다.

08 세시 풍 속 의 뜻과 우리나라의 대표적인 세시 풍속

💬 이 글에서는 세시 풍속의 뜻과 대표적인 명절인 설날, 추석 등에 하는 일을 설명하고 있다.

09 ② 명절에 하는 일과 놀이만을 의미한다.

💬 세시 풍속은 명절을 맞이해 하는 일과 놀이, 먹는 음식, 입는 옷과 같이 생활의 모든 것과 관련된 것을 뜻한다.

10 ⑤ 성탄절에 하는 크리스마스트리 장식

💬 요즘에는 성탄절, 즉 크리스마스를 맞아 크리스마스트리를 장식하는 경우가 많지만 이는 외국에서 들어온 문화로 오랜 세월 동안 전해 내려온 전통적 생활 모습인 세시 풍속에 포함되지 않는다.

12 과학으로 범인 찾기

과학 기술

01 추리

02 ☑ 옳다

03 **1** (추측하다) | 구분하다 | 나타내다   **2** 확실하다 | 분명하다 | (부정확하다)

04 ㉣

💬 ㉣에는 '분수에 넘치게 무엇을 탐내거나 누리고자 하는 마음'을 뜻하는 '욕심' 같은 어휘가 들어가는 것이 알맞다.

05 **1** [온다 | (올타)]   **2** [(오르니) | 올흐니]   **3** [올꼬 | (올코)]

06 **1** 풀지 못하다   **2** 놀지 못하다

07 ③ 도둑이 제 발 저리다

💬 '도둑이 제 발 저리다'는 죄를 지은 사람이 자신의 잘못이 들통날까 봐 마음에 걸려 불안해 한다는 뜻의 속담이다.
① '겉으로 드러나는 행동과 마음속에 품은 생각이 서로 달라 사람의 됨됨이가 바르지 못하다는 말'이라는 뜻이다.
② '믿지 못할 사람을 믿어 일을 맡기는 어리석음을 이르는 말'이라는 뜻이다.
④ '남이 잘되는 것을 질투하고 시기한다는 말'이라는 뜻이다.
⑤ '어떤 일을 하기 위해서는 자기의 노력이 중요하다는 말'이라는 뜻이다.

08 과학을 활용해 범인을 추리하는 | 과 | 학 | 수 | 사 |

💬 이 글에서는 과학을 활용하여 정확한 결과를 얻어 범인을 잡는 과학 수사에 대해 설명하고 있다.

09 ③ 과학을 활용해 증거를 찾아내고 범인을 추리한다.

💬 국립 과학 수사 연구원은 과학을 활용하여 범인을 추리하는 과학 수사를 하는 기관이다.

10 **1** ㉢   **2** ㉡   **3** ㉠

💬 지문 인식기는 지문을 파악하고, 디엔에이 판독기는 유전자를 알아내 범죄자를 찾아내는 데 사용된다. 거짓말 탐지기는 거짓말을 하지 않는지 판단하는 기능이 있다.

13 돈이 생긴 까닭

본문 56-59쪽

01 화폐

02 붐볐다 | 바빴다 | 섞였다

03 ☑ 단순하다

04 ㉠

💬 ㉠에는 '어떤 대상의 자리나 역할을 바꾸어 새로 맡다'라는 뜻의 '대신하다'와 같은 어휘가 들어가야 알맞다.

05 1 출렁거리다　2 더듬거리다

06 ☑ 먼저 한 말을 다른 말로 하다.

💬 앞뒤 문장을 통해 '다른 말로 하면'이라는 뜻으로 사용한 것임을 알 수 있다.
　• 첫 번째 문장은 '말할 수 없다'라는 말의 뜻이다.
　• 세 번째 문장은 '말할 것도 없다'라는 말의 뜻이다.

07 ④ 많은 사람들이 뒤섞여 어수선했다.

💬 글에서는 영화관에 사람이 가득해서 복잡한 모습을 설명하고 있으므로, '발 디딜 틈이 없다'는 많은 사람이 한데 모여서 복잡하고 어수선하다는 뜻임을 알 수 있다.

08 화 폐 가 생긴 이유

💬 이 글에서는 사람들이 서로 필요한 물건을 편리하게 얻기 위해 화폐를 만들었음을 설명하고 있다.

09 ④ 물건과 물건을 교환할 때 어려움이 있어서

💬 옛날 사람들은 물건과 물건을 교환하여 필요한 물건을 구했다. 하지만 서로 필요한 물건이 다른 경우, 물건의 가치가 맞지 않는 경우 등이 생겼다. 이러한 어려움을 해결하기 위해 화폐를 정해 물건을 교환하기 시작했다.

10 ⑤ 오랜 시간이 지나면 못 쓰게 되어서

💬 처음에는 조개껍데기, 소금, 옷감 등이 화폐로 쓰였으나 오랜 시간이 지나면 상하거나 못 쓰게 되어서 점차 쇠붙이나 종이로 된 화폐가 사용되었다.

01 1 활용 2 탄생

02 ☑ 이용하다

💬 '이용하다'는 '대상을 필요에 따라 이롭게 쓰다.'라는 뜻이다.
- 맺다: 관계나 인연 따위를 이루거나 만들다.
- 옮기다: 어떤 곳에서 다른 곳으로 자리를 바꾸게 하다.
- 생각하다: 사물을 헤아리고 판단하다.

03 1 (내주다 | 붙이다 | 드러내다) 2 (펴다 | 푸다 | 접다)

💬 1 '내주다'는 '넣어 두었던 물건 따위를 꺼내어 주다.'라는 뜻이다.
- 붙이다: 맞닿아 떨어지지 않게 하다.
- 드러내다: 가려 있거나 보이지 않던 것을 보이게 하다.
2 '푸다'는 '속에 들어 있는 액체, 가루, 낟알 따위를 떠내다.'라는 뜻이다.
- 펴다: 접히거나 개어놓은 것을 젖히어 벌리다.
- 접다: 천이나 종이 따위를 꺾어서 겹치다.

04 1 생산지 2 생일

05 1 (바치고 | 받치고) 2 (바치다 | 받치다)

06 1 갈치∨따위의 2 과학∨등을

07 1 ㉡ 2 ㉠

💬 1 은 화가가 평생 자연의 모습을 그리는 일을 했다는 의미이므로 ㉡의 뜻이고, 2 는 친구가 나쁜 말을 해서 화를 냈다는 의미이므로 ㉠의 뜻이다.

08 흙 의 다양한 역할

💬 생물은 흙에서 영양분을 얻고, 사람은 흙을 활용해 곡식과 채소를 키우고 그릇을 만든다. 이 글은 이처럼 다양한 흙의 역할을 설명하고 있다.

09 ⑤ 바위나 돌이 잘게 부서져 만들어졌다.

💬 흙은 오랜 시간에 걸쳐 바위나 돌이 작게 부서진 알갱이와 생물이 썩어 생긴 물질이 섞여서 만들어졌다.

10 ② 사람들이 음식을 익혀 먹을 수 있게 해 준다.

💬 사람들은 땅에서 농사를 지어 먹을 것을 얻고, 흙을 이용해 음식을 담을 그릇을 만든다. 또 청자와 백자 같은 작품을 만든다. 그렇지만 흙이 있기 때문에 사람들이 음식을 익혀 먹을 수 있게 된 것은 아니다.

15 빠르게 달리는 고속 열차

01 최고

02 뜻 길, 다리, 철로, 전화 따위를 (정하거나 | (완성하거나)) 이어 ((통하게) | 넘치게) 하다.

03 1 (풀기) | 늘기 | 줄기 | 얻기   2 (옮기기) | 올리기 | 내리기 | 알리기

04 1 통화   2 통로

05 1 [(싣는) / 실는]   2 [싣으니 / (실으니)]

06 1 옮 기 다   2 얽 힌

07 ② 말만 잘하면 어려운 일도 해결할 수 있다.

유미는 오빠의 책에 물을 쏟아 걱정하는 수지에게 오빠에게 말을 잘하면 오빠가 수지의 사정을 이해해 줄 것이라는 의미로 이야기하였다.
① '믿는 도끼에 발등 찍힌다'라는 속담의 뜻이다.
③ '못 오를 나무는 쳐다보지도 마라'라는 속담의 뜻이다.
④ '떡 줄 사람은 꿈도 안 꾸는데 김칫국부터 마신다'라는 속담의 뜻이다.
⑤ '벼 이삭은 익을수록 고개를 숙인다'라는 속담의 뜻이다.

08 우리나라에 개통된 고 속 열 차 케이티엑스

이 글에서는 우리나라의 고속 열차인 케이티엑스의 개통 시기와 특징에 대해 설명하였다.

09 ⑤ 앞부분과 뒷부분이 호랑이의 모습을 닮았다.

케이티엑스의 앞부분과 뒷부분은 상어의 모양을 본떠 유선형으로 만들어져 바람이 더 쉽게 비껴가 공기의 저항을 줄일 수 있게 만들었다.

10 은정

케이티엑스를 이용하면 전국을 반나절 안에 갈 수 있고, 사람과 물건을 빠르고 편리하게 실어 나를 수 있다.

01 ☑ 화려하다

02 1 자는 (움직이는) 살아나는   2 보다 | 지키다 (나누다)

03 ㉠

> ㉠에는 '오랫동안 자꾸 반복하여 몸에 익어 버린 행동'이라는 뜻의 '버릇'이 들어가야 한다.

04 1 동작   2 동물

05 1 [(갈뜽) | 갈등]   2 [발달 | (발딸)]

> '갈등(葛藤)'과 '발달(發達)'은 모두 한자어이며 'ㄹ' 받침 뒤에 'ㄷ'이 오므로, 'ㄷ'이 'ㄸ'으로 소리 나 [갈뜽], [발딸]로 발음된다.

06 1 ㉢   2 ㉡   3 ㉠

07 ☑ 서서히 활동하는 상태에 들다.

> 지수는 겨울에는 아무것도 없던 나뭇가지에 새잎이 돋아났다는 말을 듣고 나무들이 서서히 활동을 하기 시작한다는 의미로 '기지개를 켜다'라는 말을 사용하였다.

08 | 나 | 비 | 와 | 나 | 방 | 을 구별하기 위해 살펴볼 점

> 이 글에서 나비와 나방은 활동 시간, 더듬이 모양, 앉을 때의 날개 모양, 날개의 색깔 등에서 차이가 있으며 이를 바탕으로 나비와 나방을 구별할 수 있음을 설명하고 있다.

09 ③ 날개의 크기

> 2문단에서 나비와 나방을 구별하기 위해 활동 시간, 더듬이 모양, 앉을 때의 날개 모양, 날개의 색깔 등을 살펴보아야 한다고 했지만 날개의 크기에 따라 구별할 수 있다는 내용은 나오지 않는다.

10 ② 날개의 색깔이 밝고 화려하다.

> 나비는 주로 낮에 활동하고 더듬이의 끝이 뭉툭하다. 날개의 색깔은 밝고 화려한 편이며 불빛에 모여 드는 특성이 뚜렷하지 않다. 또한 앉을 때 날개를 접고 앉는다.

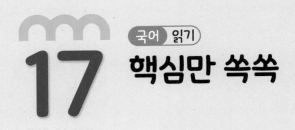

01 ☑ 전달

02 간추릴 | 분리할 | 생각할

03 **1** (기억 | 생명) **2** (나쁜 | 좋은)

04 **1** 요점 **2** 요청

05 ⑤ 주의하다 – 조심하다

　　　　①~④는 **보기** 와 같이 뜻이 반대되는 관계의 어휘들이지만, ⑤의 '주의하다'와 '조심하다'는 뜻이 비슷한 관계의 어휘들이다.

06 ☑ 꿈에도 생각지 못하다

　　　　윤수는 이전의 일로 형이 화가 많이 나 있어서 형의 도움을 받을 것이라고는 전혀 생각하지 못했다는 의미로 말하고 있다.

07 ☑ 어떤 사물이 지나치게 보잘것없어서 일을 하는 데에 효과나 영향이 전혀 없다.

　　　　수빈이는 건우가 말한 카레 가루의 양이 너무 적어서 카레의 맛을 내는 데 효과가 없을 것이라고 말하고 있다. 첫 번째 문장은 '말이 물 흐르듯 하다'라는 말의 뜻이고, 두 번째 문장은 '물 건너가다'라는 말의 뜻이다.

08 요 약 의 효과와 방법

　　　　이 글에서는 요약의 뜻과 요약을 하여 얻을 수 있는 효과를 설명한 후 글의 종류에 따른 요약의 방법을 예를 들어 설명하고 있다.

09 ④ 책을 다 읽지 않아도 책의 내용을 알 수 있는 방법이다.

　　　　요약은 글을 읽은 뒤 중심 내용을 간추려 정리한 것이다. 요약을 하면 글의 중심 내용을 쉽게 파악하고 오래 기억할 수 있으며, 다른 사람에게 내용을 전달하는 데 도움이 된다. 그러나 요약을 한다고 해서 책을 읽지 않아도 내용을 알 수 있는 것은 아니다.

10 **1** ㉠ **2** ㉢ **3** ㉡

　　　　이야기가 있는 글은 줄거리를 중심으로 요약하고, 설명하는 글은 설명하는 대상을 중심으로 요약하고, 주장하는 글은 주장과 그렇게 주장하는 까닭을 중심으로 요약한다.

01 부분

02 ☑ 가까운

03 1 필요하다　2 밀접하다　3 분명하다

04 1 전부　2 부품

05 ⑤ 바퀴 : 자전거

💬 '바퀴'는 자전거의 일부를 이루는 부품이므로 두 어휘는 '부분과 전체'의 관계이다.
① '진지'는 '밥'의 높임말이므로 두 어휘는 비슷한 말이다.
② '있다 : 없다', ③ '남자 : 여자', ④ '더위 : 추위'는 반대의 뜻을 지닌 어휘들이다.

06 ☑ 제일 급하고 필요한 사람이 그 일을 서둘러 하게 되어 있다.

💬 '목마른 사람이 우물 판다'는 '제일 급하고 필요한 사람이 그 일을 서둘러 하게 되어 있다.'라는 뜻으로 배가 고픈 '나'가 직접 음식을 냉장고에서 찾아 먹은 상황에 사용할 수 있다.

07 ⑤ 준호는 야구와 축구를 둘 다 좋아하니 농구부에 들 것이 **명약관화**하다.

💬 '명약관화(明若觀火)'는 불을 보듯 뻔한 상황을 나타내는 말로, 준호가 야구와 축구를 좋아한다면 야구부나 축구부에 드는 것이 명약관화한 상황일 것이다. 야구와 축구를 좋아하는데 농구부에 드는 것은 뚜렷하게 예상할 수 있는 상황은 아니다.

08 분 수 와 소수의 특징과 분수와 소수의 크기 비교

💬 이 글은 분수와 소수는 어떻게 나타내는지 설명한 후, 분수와 소수의 크기를 비교하는 방법을 설명하고 있다.

09 ① 일상생활에서는 분수만 필요하다.

💬 일상생활의 다양한 상황을 나타내기 위해서는 분수와 소수가 모두 필요하다고 하였다.

10 ☑ 가운데 있는 선을 세로선이라고 한다.

💬 이 글에서 가로선 위에 있는 것이 분자, 가로선 밑에 있는 것이 분모이며, 분수는 '분모를 나타내는 수'분의 '분자를 나타내는 수'라고 읽어야 함을 알 수 있다.

01 정보

02 ① 유지 ② 접속

03 ① 나누다 | (합치다) | 흩어지다   ② 가지다 | (연결하다) | 계속하다

04 ① 결혼 ② 결과

05 ① 맛없다 ② 재미없다

06 ① 맛 있 다 ② 되 다

07 ④ 우물을 파도 한 우물을 파라

💬 동생은 바이올린을 배우다가 금방 그만뒀고, 피아노도 배우다가 금방 그만두고 태권도를 하려 한다. 이런 동생에게 언니는 어떠한 일이든 한 가지 일을 끝까지 하라는 뜻의 '우물을 파도 한 우물을 파라'라는 속담을 사용할 수 있다.
① 실속 없는 사람이 겉으로 떠들어 댄다는 뜻의 속담이다.
② 일의 순서도 모르고 성급하게 덤빈다는 뜻의 속담이다.
③ 기쁜 일이 생겨서 마음이 매우 흡족하다는 뜻의 속담이다.
⑤ 말만 잘하면 어려운 일도 해결할 수 있다는 뜻의 속담이다.

08 디 지 털 영상 지도의 기능

💬 이 글에서는 디지털 기술을 활용하여 만든 디지털 영상 지도로 무엇을 할 수 있는지 설명하고 있다.

09 ③ 우리나라에서만 사용할 수 있다.

💬 다른 나라를 여행할 때도 스마트폰으로 디지털 영상 지도에 접속하여 쉽게 길을 찾을 수 있게 되었다고 하였으므로 다른 나라에서도 디지털 영상 지도를 쓸 수 있음을 알 수 있다.

10 ④ 내가 가려는 목적지에 사는 사람들의 정보

💬 디지털 영상 지도를 이용하면 특정 지역의 위치와 전체적인 모습뿐만 아니라 세부적인 거리나 건물의 모습 등과 같은 정보를 얻을 수 있다. 그렇지만 특정 장소에 사는 사람들에 대한 정보를 지도에서 확인할 수 있는 것은 아니다.

01 뜻 더 낮고 (나쁜 | (좋은)) 상태나 더 (낮은 | (높은)) 상태로 나아가다.

02 ☑ 주행

03 **1** 재능 | (기능) | 효능   **2** (해냈다) | 처벌했다 | 분리했다

04 **1** 행진   **2** 여행

05 **1** 치르는   **2** 치르고

06 ☑ 빛을 발하다

07 ⑤ 연아가 새로운 선생님을 만나 스케이트 실력이 부쩍 느는 상황

💬 연아는 새로운 선생님을 만나 스케이트 실력이 점점 늘고 있으므로 '일취월장'을 사용하여 표현하기 알맞다.
① '비일비재(非一非再): 같은 현상이나 일이 한두 번이나 한둘이 아니고 많다.'에 어울리는 상황이다.
② '단도직입(單刀直入): 여러 말을 늘어놓지 아니하고 바로 요점이나 본문제로 들어가는 것'에 어울리는 상황이다.
③ '막상막하(莫上莫下): 더 낫고 더 못함의 차이가 거의 없다.'에 어울리는 상황이다.
④ '감언이설(甘言利說): 귀가 솔깃하도록 남의 비위를 맞추거나 이로운 조건을 내세워 꾀는 말'에 어울리는 상황이다.

08 스스로 주행하는 무 인 자동차의 좋은 점

💬 이 글에서는 무인 자동차의 뜻과 특징을 설명한 뒤, 무인 자동차의 장점을 이야기하고 있다.

09 ① 운전자가 없는 차가 제한 속도를 지키지 않는 장면

💬 무인 자동차는 신호나 제한 속도를 지켜 주행한다고 하였으므로 ①은 무인 자동차와 관련된다고 보기 어렵다.

10 ㉢

💬 무인 자동차는 스스로 신호나 속도를 지키기 때문에 신호나 속도위반을 할 일이 적어 무인 자동차가 사용되면 교통사고가 줄어들 수 있다. 또한 직접 운전하지 않아도 되기 때문에 몸이 불편한 사람도 쉽게 자동차를 이용할 수 있다.

실력 확인 1회

1 원인

2 효과

3 주행

4 ㉡

💬 ㉠은 '보편성'의 뜻이다.

5 ㉡

💬 ㉠은 '불룩'의 뜻이다.

6 ② 학문, 기술, 사회 따위의 현상이 보다 높은 수준에 이르다.

💬 ①은 '생산', ③은 '지정', ④는 '유지', ⑤는 '처리'의 뜻이다.

7 ③ 부화: 양이나 수가 많아지거나 늘어서 많이 퍼지다.

💬 ③은 '번식'의 뜻이다. '부화'는 '동물의 알 속에서 새끼가 껍데기를 깨고 밖으로 나오다.'라는 뜻이다.

8 ① 붙이다

💬 '붙이다'는 '이름이 생기게 하다.'라는 뜻이다.
② 인증하다: 어떠한 문서나 행동이 정당한 방법으로 이루어졌다는 것을 증명하다.
③ 탄생하다: 조직, 단체, 사업체 따위가 새로 생기다.
④ 결합하다: 둘 이상의 사물이나 사람이 서로 관계를 맺어 하나가 되다.
⑤ 개통하다: 길, 다리, 철로, 전화 따위를 완성하거나 이어 통하게 하다.

9 ① 빈 음료수병을 <u>발전하여</u> 꽃병을 만들었다.

💬 '발전하다'는 '더 낫고 좋은 상태나 더 높은 단계로 나아가다.'라는 뜻으로 ①의 문장에 어울리지 않는다. ①에는 '충분히 잘 이용하다.'라는 뜻의 '활용하다'가 어울린다.

10 ☑ 전달했다.

💬 '전달하다'는 '지시, 명령, 물품 따위를 다른 사람이나 기관에 전하여 이르게 하다.', '간직하다'는 '생각이나 기억 따위를 마음속에 깊이 새겨 두다.'라는 뜻이다.

11 ☑ 분명하다.

💬 '분명하다'는 '어떤 사실이 틀림이 없이 확실하다.', '구별하다'는 '성질이나 종류에 따라 갈라놓다.'라는 뜻이다.

12 ① 실제, 사실

　　②, ③, ④, ⑤는 뜻이 반대인 어휘끼리 짝 지은 것이다.

13 ③ 내주다

　　'제공하다'는 '무엇을 내주거나 갖다 바치다.'라는 뜻으로 '내주다'와 바꾸어 써도 문장의 뜻이 통한다.
　　① 받다: (주거나 보내온 물건을) 가지다.
　　② 걷다: (여럿에게서 돈이나 물건을) 받아서 모으다.
　　④ 빼앗다: (남이 가진 것을) 강제로 자기 것으로 하다.
　　⑤ 찾아가다: (맡겨 놓은 것을) 다시 가지고 가다.

14 ④ 줄어들다, 늘어나다

　　①, ②, ③, ⑤는 뜻이 비슷한 어휘끼리 짝 지은 것이다.

15 교환

　　'교환'은 '서로 바꾸다.'라는 뜻이다.

16 추리

　　'추리'는 '알고 있는 것을 바탕으로 알지 못하는 것을 미루어서 생각하다.'라는 뜻이다.

17 생산

　　'생산'은 '인간이 생활하는 데 필요한 각종 물건을 만들어 내다.'라는 뜻이다.

18 ② 알맞고 필요한 대책을 신속히 취하다.

　　① '마음에 두다'에 해당하는 뜻이다.
　　③ '손을 내밀다'에 해당하는 뜻이다.
　　④ '손가락 안에 꼽히다'에 해당하는 뜻이다.
　　⑤ '손발이 맞다'에 해당하는 뜻이다.

19 ⑤ 어릴 때부터 나쁜 버릇이 들지 않도록 잘 가르쳐야 한다.

20 ③ 분명하다

실력 확인 2회

1 ㉡

💬 ㉠은 '신속'의 뜻이다.

2 ㉠

💬 ㉡은 '필요하다'의 뜻이다.

3 ④ 모양, 빛깔, 형태 따위가 여러 가지로 많다.

💬 ① '화려하다'의 뜻이다.
② '생생하다'의 뜻이다.
③ '평범하다'의 뜻이다.
⑤ '구분하다'의 뜻이다.

4 성능

5 부분

6 의식

7 ④ 인공: 사람이 만든 것이 아니고 저절로 이루어져 있는 세상의 모든 사물

💬 ④는 '자연'의 뜻이다. '인공'은 '사람의 힘으로 자연에 있는 물체와 똑같은 것 또는 전혀 새로운 것을 만들어 내는 일'이라는 뜻이다.

8 ☑ 떠돌다.

💬 '떠돌다'는 '공중이나 물 위에 떠서 이리저리 움직이다.'라는 뜻이고, '주행하다'는 '주로 기계적인 에너지로 움직이는 자동차나 열차 따위가 달리다.'라는 뜻이다.

9 ☑ 떠올리며

💬 '떠올리다'는 '기억을 되살려 내거나 생각이 나게 하다.'라는 뜻이고, '추리하다'는 '알고 있는 것을 바탕으로 알지 못하는 것을 미루어서 생각하다.'라는 뜻이다.

10 ⑤ 공원 내 쓰레기 문제를 <u>유지하기</u> 위해 쓰레기통을 늘리기로 했다.

💬 '유지하다'는 '어떤 상태나 상황을 그대로 보존하거나 변함없이 계속하다.'라는 뜻으로 ⑤의 문장에 어울리지 않는다. ⑤에는 '문제를 풀거나 얽힌 일을 잘 처리하다.'라는 뜻의 '해결하다'가 어울린다.

11 ① 요약

💬 '요약'은 '말이나 글의 중심이 되는 사실을 잡아서 간략하게 정리하다.'라는 뜻이다.

12 변방

💬 '변방'은 '나라의 경계가 되는 가장자리의 땅'을 뜻한다.

13 특색

💬 '특색'은 '보통의 것과 다른 점'을 뜻한다.

14 실감

💬 '실감'은 '실제로 체험하는 느낌'을 뜻한다.

15 ⑤ 개통한다

💬 '수송하다'는 '기차나 자동차, 배, 항공기 따위로 사람이나 물건을 실어 옮기다.'라는 뜻으로 ①, ②, ③, ④와 바꾸어 써도 문장의 뜻이 통한다. ⑤ '개통하다'는 '길, 다리, 철로, 전화 따위를 완성하거나 이어 통하게 하다.'라는 뜻으로 '수송하다'와 바꾸어 쓰기에 알맞지 않다.

16 ① 최고, 최저

💬 ②, ③, ④, ⑤는 뜻이 비슷한 어휘끼리 짝 지은 것이다.

17 ② 알맞다, 적합하다

💬 ①, ③, ④, ⑤는 뜻이 반대인 어휘끼리 짝 지은 것이다.

18 ③ 바가지를 쓰다

💬 ① '놀라거나 어이가 없어 말이 나오지 않다.'라는 뜻이다.
② '제 능력이나 값어치를 드러내다.'라는 뜻이다.
④ '많은 사람들이 뒤섞여 어수선하다.'라는 뜻이다.
⑤ '전혀 생각하지 못하다.'라는 뜻이다.

19 ② 자식을 많이 둔 부모는 걱정이 끊일 날이 없다.

20 ⑤ 발전함

속담·한자 성어 깊이 알기

세 살 적 버릇이 여든까지 간다
- 본문 10쪽

이 속담은 아주 어린 시절인 세 살 때 생긴 버릇이 노인이 된 여든 살(80세)까지 변하지 않고 그대로 있다는 말입니다. 어릴 때 몸에 밴 버릇은 늙어 죽을 때까지 고치기 힘들다는 뜻으로, 어릴 때부터 나쁜 버릇이 들지 않도록 잘 가르쳐야 한다는 뜻을 담고 있습니다.

예 세 살 적 버릇이 여든까지 간다고 하잖아. 지금부터 올바르게 밥을 먹는 습관을 길러야 해.

급하면 바늘허리에 실 매어 쓸까
- 본문 34쪽

바느질을 하려면 실을 바늘구멍에 꿰어야 합니다. 급하다고 실을 바늘구멍이 아닌 바늘의 가운데 부분인 바늘허리에 매면 바느질을 할 수 없을 것입니다. 이 속담은 일에는 일정한 순서가 있고 때가 있는 것이므로, 아무리 급하더라도 순서를 밟아서 일해야 한다는 뜻을 전하고 있습니다.

예 급하면 바늘허리에 실 매어 쓸까, 밑그림도 안 그리고 바로 색칠을 하면 어쩌니.

도둑이 제 발 저리다
- 본문 54쪽

도둑은 남의 물건을 훔치거나 빼앗는 나쁜 짓을 하는 사람입니다. '저리다'는 몸의 일부가 쑤시듯이 아프다는 뜻입니다. 도둑이 나쁜 짓을 하고 나면 자신의 잘못이 드러날까 두려워 안절부절못하는 등 불안해하는 모습이 겉으로 드러나게 됩니다. 이 속담은 지은 죄가 있으면 자연히 마음이 조마조마해진다는 말입니다.

예 도둑이 제 발 저린다고 잘못을 저지른 사람은 티가 날 수밖에 없어.

말 한마디에 천 냥 빚도 갚는다
- 본문 66쪽

'냥'은 옛날의 화폐 단위로 천 냥은 매우 큰돈이었습니다. 빚은 남에게 갚아야 할 돈이나 물건을 말하는데 천 냥이라는 큰돈을 갚는 것은 매우 어렵고 불가능에 가까운 일이었습니다. 이 속담은 한마디의 말로 천 냥의 빚도 갚은 것으로 칠 수 있다는 뜻입니다. 즉 말만 잘하면 어려운 일이나 불가능해 보이는 일도 쉽게 해결할 수 있을 정도로 말을 잘하는 것이 중요하다는 것을 알려 줍니다.

예 말 한마디에 천 냥 빚도 갚는다고 친구에게 진심으로 사과하니까 사과를 받아 주었어.

유유상종

본문 14쪽

비슷하다	유 (類)
비슷하다	유 (類)
서로	상 (相)
쫓다	종 (從)

같은 무리끼리 서로 사귄다는 뜻으로 비슷한 사람들이 끼리끼리 어울리는 것을 뜻합니다. 사람들은 자신과 비슷한 점을 지닌 사람들과 친하게 지내는 경우가 많습니다. 이 한자 성어와 비슷한 뜻의 속담으로는 "초록은 동색"이 있습니다. 이 말은 풀색과 녹색은 같은 색이라는 뜻으로, 처지가 같은 사람들끼리 한 패가 되는 경우를 나타낼 때 사용합니다.

예 유유상종(類類相從)이라더니 내 친구들도 나처럼 여행을 좋아한다.

고장난명

본문 26쪽

혼자	고 (孤)
손바닥	장 (掌)
어렵다	난 (難)
울리다	명 (鳴)

박수를 쳐서 '짝' 하고 소리가 나려면 두 손바닥을 마주 쳐야 합니다. 한쪽 손바닥만으로는 아무런 소리가 나지 않습니다. 이 한자 성어는 혼자의 힘만으로 어떤 일을 이루기 어려움을 이르거나 맞서는 사람이 없으면 싸움이 일어나지 아니함을 이르는 말입니다.

예 고장난명(孤掌難鳴)이라고, 같이 맞서지 않으면 싸움이 일어나지 않을 거야.

명약관화

본문 78쪽

밝다	명 (明)
같다	약 (若)
보다	관 (觀)
불	화 (火)

불은 멀리서도 보일 정도로 매우 밝습니다. 이 한자 성어는 밝기가 불을 보는 것과 같다는 뜻으로 불을 보듯 분명하고 뻔하다는 뜻을 담고 있습니다. 옛날 중국 은나라의 왕이 수도를 다른 곳으로 옮기려 하자 귀족들이 헛소문을 퍼트려 수도를 옮기는 것을 방해했습니다. 왕은 귀족들을 불러 모아 놓고 '그대들의 마음을 불을 보는 것처럼 분명히 알고 있다.'라고 말하며 자신이 하려는 일을 방해하지 말 것을 경고했다고 합니다.

예 집에 늦게 들어가면 엄마께 혼날 것이 명약관화(明若觀火)이다.

일취월장

본문 86쪽

날	일 (日)
이루다	취 (就)
달	월 (月)
장차	장 (將)

하루(日)가 지나면 새로운 것을 이루고 한 달(月)이 지나면 더 많은 것을 이룰 수 있다는 뜻으로, 나날이 다달이 자라거나 발전함을 이르는 한자 성어입니다. 이 말은 주로 배움과 관련하여 시간이 지날수록 실력이 눈에 띄게 발전한다는 뜻으로 많이 사용합니다.

예 매일 열심히 연습하더니 줄넘기 실력이 일취월장(日就月將)했다.

memo

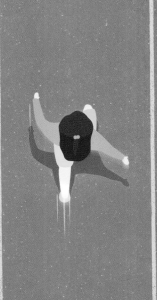

시작부터 남다른 한끝

한끝이 반이다

교과서 학습부터 평가 대비까지 한 권으로 끝!

3,200만 권
돌파

- 깔끔한 개념 정리로 교과서 **핵심 내용이 머릿속에 쏙쏙**
- 알기 쉽게 풀어 쓴 용어 설명으로 **국어·사회 공부의 어려움을 해결**
- 풍부한 사진, 도표, 그림 자료로 **어려운 내용도 한번에 이해**
- 다양하고 풍부한 유형 문제와 서술형·논술형 문제로 **학교 시험도 완벽 대비**

초등 국어 1~6학년 / 사회 3~6학년

visang

완자·공부력·시리즈 매일 4쪽으로 스스로 공부하는 힘을 기릅니다.

대표전화 1544-0554
주소 서울특별시 구로구 디지털로33길 48 대륭포스트타워 7차 20층
협의 없는 무단 복제는 법으로 금지되어 있습니다.